T0288535

GERENCIA

GERENCIA

BRIAN TRACY

GRUPO NELSON
Una división de Thomas Nelson Publishers
Desde 1798

NASHVILLE   MÉXICO DF.   RÍO DE JANEIRO

© 2015 por Grupo Nelson®
Publicado en Nashville, Tennessee, Estados Unidos de América.
Grupo Nelson, Inc. es una subsidiaria que pertenece completamente
a Thomas Nelson, Inc.
Grupo Nelson es una marca registrada de Thomas Nelson, Inc.
www.gruponelson.com

Título en inglés: *Management*
© 2014 por Brian Tracy
Publicado por AMACOM, una división de American Management Association,
International, Nueva York.
Todos los derechos reservados.

Editora en Jefe: *Graciela Lelli*
Traducción y edición: *www.produccioneditorial.com*
Adaptación del diseño al español: *www.produccioneditorial.com*

ISBN: 978-0-71803-356-9

Impreso en Estados Unidos de América
24 TR 5

CONTENIDO

Introducción

HACE DOSCIENTOS AÑOS, durante los primeros años de la Revolución Industrial, gran parte del mundo era pobre. Gran parte del mundo sigue siendo pobre hoy. En los últimos doscientos años hemos pasado por una revolución tecnológica, comenzando con el advenimiento de la máquina de vapor y la electricidad hasta llegar a las impresionantes tecnologías que conocemos y usamos hoy. Se dice que la alta tecnología ha reducido ampliamente la pobreza en la mayor parte del mundo occidental y ha creado más riqueza para más gente de lo que nunca se hubiera podido soñar en toda la historia humana.

Pero la verdad es que no es la tecnología. No ha sido una revolución tecnológica, sino una *gerencial*. Son los gerentes de las empresas y organizaciones a todos los niveles los que han sido responsables del gran estallido del progreso. La tecnología siempre ha ido detrás del desarrollo gerencial.

En este libro voy a hablar de veintiuna ideas clave que puedes usar para convertirte en un gerente más eficaz. ¿Por qué es importante este tema? En mis estudios a lo largo de los años he leído cientos de libros, me he sacado una licenciatura en administración y he trabajado como consultor, formador y consejero para más de mil grandes corporaciones. Trabajo cada año con cientos y a veces miles de gerentes. He visto gerentes buenos y gerentes malos, y he descubierto que el 20% de ellos, como puedes suponer, consiguen el 80% de los resultados. Esto significa que el 80% de los gerentes consiguen solo el 20% de los resultados.

Mi propósito en este libro es ofrecerte las técnicas y herramientas, métodos e ideas para elevarte hacia ese 20%. Si ya estás en ese 20% (y el hecho de que estés leyendo este libro indica que lo estás), aprenderás cómo avanzar hacia el 5% más alto de gerentes, y después hacia el 1% superior.

Una ciencia inexacta

La gestión es una ciencia inexacta. He comenzado, construido, dirigido o reflotado más de treinta negocios, y puedo asegurarte que no hay respuestas fijas. No hay respuestas que sean correctas en todas las ocasiones. La clave para el éxito gerencial es aprender y practicar, una y otra vez, aunque probablemente nunca vayas a hacerlo exactamente bien.

Cuando Vince Lombardi asumió el mando de los Green Bay Packers, le preguntaron: «¿Cómo vas a cambiar el modo en que este equipo trabaja? ¿Vas a traer nuevas jugadas e ideas sobre cómo correr con la pelota?».

Él dijo: «No, simplemente vamos a convertirnos en un equipo brillante en lo básico».

En mi estimación, 80% del éxito gerencial viene determinado por practicar lo básico una y otra vez. Eso representa cerca del 20% de las actividades de gestión. En este libro aprenderás, o se te recordará, el 20% de las habilidades de gestión que marcan toda la diferencia.

Si practicas los mismos métodos que otros gerentes exitosos practican, descubrirás que a veces puedes conseguir más en tu posición de gerente en unos pocos días de lo que has sido capaz de conseguir en semanas o meses en el pasado.

La definición de gerente

Empecemos con nuestra definición de lo que es un gerente. Un gerente es alguien que consigue resultados trabajando con y por medio de otros. Un gerente es alguien que hace bien lo adecuado.

¿Qué es un gerente excelente? Un gerente excelente es alguien que consigue resultados superiores dando constantemente lo mejor de sí mismo, a la vez que libera el potencial de los demás para que ellos puedan realizar una contribución aún mayor a la organización.

La fuerza de cualquier organización está determinada por la calidad de sus gerentes en todos los niveles. Ellos son el «cuerpo de oficiales» de un ejército empresarial. Lo que hacen y cómo lo hacen son los factores determinantes del éxito corporativo.

Los estudios más conservadores estiman que una persona media trabaja a menos del 50% de su capacidad, y algunas veces a solo un cuarenta o un treinta. Un buen gerente crea un entorno en el que la persona media funciona a un 60, 70, 80, 90% y ocasionalmente cerca de un 100% de su capacidad, y hace una contribución cuantiosa en vez de media a la organización.

Aquí están las veintiuna ideas clave para convertirte en un excelente gerente.

UNO

Las cuestiones clave para la eficacia gerencial

EL PUNTO DE PARTIDA para conseguir una gran eficacia es hacer y responder las preguntas adecuadas, una y otra vez. Responder estas cuestiones te ayudará a mantener los ojos abiertos. Los gerentes excelentes son muy conscientes de las respuestas a las preguntas importantes.

Las cuestiones clave para la eficacia gerencial son:

- *¿Por qué estás en nómina?* Los buenos gerentes están totalmente orientados hacia los resultados en vez de estarlo hacia el proceso o la actividad. Siempre se centran en los resultados para cuya producción se les contrató. ¿Para conseguir qué cosa se te ha contratado?

- *¿Cuál es la contribución única que tú puedes hacer?* ¿En qué puedes contribuir tú, y solo tú, a tu organización que, si se hace bien, marcará una diferencia significativa?

- *¿Qué estás tratando de hacer y cómo estás tratando de hacerlo?* Analiza tu trabajo y pregunta por qué estás haciendo algo y no estás haciendo otra cosa. La mayor parte de la gente pasa el 80% de su tiempo en el 80% de su trabajo que solo contribuye al 20% del valor de lo que hacen. Los gerentes con un alto rendimiento siempre se concentran en las pocas cosas que, si se hacen especialmente bien, marcarán una diferencia real.

- *¿Qué cosas das por hecho?* Tus suposiciones deben ser cuestionadas. ¿Y si estuvieran mal? ¿Qué harías entonces?

- *¿Podría haber una manera mejor?* Sea lo que sea que estás haciendo hoy, probablemente hay muchas maneras mejores de conseguir los mismos objetivos. Mantén tu mente abierta.

Hacerse continuamente estas preguntas agudiza tu percepción, expande tu campo de comprensión y te trae las respuestas, ideas y puntos de vista que te ayudarán a ser más eficaz, y a realizar una contribución más valiosa a tu organización en un menor periodo de tiempo.

DOS

Céntrate en las áreas de resultados clave

TUS ÁREAS de resultados clave son tus áreas de contribución más importantes. En el campo del desempeño gerencial, centrarse en las áreas de resultados clave es el secreto para tu eficacia, tu futuro y el éxito en tu carrera.

Hay siete áreas de resultados clave para gerentes. Cada una es importante y, sea cual sea tu posición, una de ellas será probablemente más importante que las otras en cierto momento. En circunstancias cambiantes, un área de resultado clave se alzará en importancia y otra decrecerá. Pero debes estar al tanto de lo que son si quieres mejorar y rendir lo mejor posible en cada área.

Los clientes cuentan

La primera área de resultados clave en un negocio es la necesidad del cliente. Se puede definir a un cliente como «alguien que depende de ti y alguien en quien tú dependes para el éxito de tu carrera».

Resulta que todo gerente tiene tres «clientes» a los que servir para tener éxito. El primero es, por supuesto, tu jefe. Los gerentes deben darles a sus jefes lo que exigen y en la forma en que lo demandan. Mientras complazcas a tu jefe, tu trabajo estará afirmado y tu futuro asegurado.

El segundo cliente al que tienes que satisfacer es el cliente externo. Este es el cliente que usa lo que tú produces. Podría ser un cliente exterior en el mercado, o podría ser otro departamento dentro de la organización. Este cliente debe estar satisfecho para que se considere que estás haciendo un trabajo excelente.

El tercer cliente es tu equipo. Mantenerlos felices y centrados en los usos más valiosos de su tiempo es absolutamente esencial para que saques lo máximo de cada miembro del equipo.

Beneficio y pérdida

La segunda área de resultados clave en los negocios es la economía. Todo éxito de la organización está determinado por la economía. Los gerentes se esfuerzan continuamente para incrementar los ingresos o disminuir los costos. Como gerente, piensas continuamente en el costo relativo de las entradas con respecto al valor de las salidas.

La economía siempre trata de la «maximización». Siempre estás intentando conseguir el mayor retorno posible de la cantidad de dinero, tiempo, energía y emoción invertidos en un particular curso de esfuerzo.

Céntrate en la calidad

La tercera área de resultados clave de la gestión es la calidad. La calidad de tu trabajo determina en gran medida tu futuro en el negocio.

Como ejecutivo, estableces los estándares para tu área de responsabilidad, así que los estándares de calidad que estableces para tus productos y servicios, al igual que para el trabajo que haces, son especialmente importantes. Por esta razón debes enfatizar y discutir la calidad, y animar continuamente a los demás a que piensen cómo pueden mejorar la calidad de lo que están haciendo para sus clientes internos y externos.

Produce más con menos

La cuarta área de resultados clave en los negocios es la productividad. Las compañías más exitosas utilizan sus recursos eficazmente y bien. Consiguen un nivel de salidas por unidad de entradas más alto que sus competidores. Buscan continuamente modos de hacer las cosas mejor, más rápido o más barato.

Centrarse en incrementar la productividad requiere objetivos claros, planes, listas de comprobación de actividades esenciales y un enfoque incesante en hacer cada vez más y más cosas importantes en menos tiempo.

Innovación y creatividad

La quinta área de resultados clave en los negocios es la innovación: desarrollar nuevos productos, servicios y modos de hacer negocios para satisfacer las demandas siempre crecientes de tus clientes en un mercado competitivo.

Innovar requiere que crees una cultura donde se anime a la gente a generar nuevas ideas. Estas nuevas ideas incluyen modos mejorados de hacer las cosas, nuevos enfoques para el negocio, nuevos productos, servicios, métodos y procesos para dirigir tu negocio. Un alto ejecutivo escribió: «Nuestra única ventaja competitiva sostenible es nuestra capacidad de aprender y aplicar nuevas ideas más rápido que nuestros competidores».

Uno de los mejores ejemplos del poder de la innovación es la batalla en curso de *smartphones* entre Apple y Samsung. Cuando Apple lanzó su iPhone en 2007, rápidamente revolucionó el mundo de la telefonía móvil. Al cabo de un año Apple había vendido decenas de millones de unidades de su nuevo producto, con márgenes brutos de casi un 50% de beneficios por unidad.

En este punto Samsung, fabricante de productos electrónicos de consumo y ordenadores portátiles, decidió que el mercado de los *smartphones* era una excelente área de innovación y expansión. Mientras que Apple comenzó a introducir una nueva versión de su iPhone cada doce o dieciocho meses, Samsung comenzó a ofrecer entre tres y cinco versiones de *smartphones* nuevos cada año.

Al cabo de cinco años el iPhone de Apple fue de una cuota de mercado del 50% a una del 12.9% en 2013. Samsung, debido a su vertiginosa tasa de innovación y la oferta de nuevos productos, pasó de ser «el chico nuevo» a llevarse el 69% del mercado mundial de *smartphones* en 2013.

Haz crecer a tu gente

La sexta área de resultados clave en los negocios es el crecimiento de la gente. ¿Cuánto tiempo y dinero inviertes en la formación y el desarrollo de la gente de la que depende tu negocio?

Según la American Society for Training and Development, las compañías que se encuentran en el 20% más alto en términos de crecimiento y beneficios invierten un 3% o más de sus ingresos brutos en formar a la gente de la que dependen para generar esos ingresos en primer lugar.

Según un artículo en la revista *Human Resource Executive*, la recompensa de la formación es extraordinariamente alta, y va desde diez dólares de retorno al resultado final hasta 32 dólares por cada uno que se gastó en formar a las personas para que se volvieran aún mejores en lo que hacen.

Desarrollo de la organización

La séptima área de resultados clave en los negocios es el desarrollo de la organización, que supone pensar y hacer cosas que creen un clima positivo y armonioso en la organización. Estos son los aspectos de tu negocio que hacen que la gente se sienta feliz en el trabajo y totalmente comprometida, capacitándolos para producir al máximo.

Deberías preguntarte continuamente qué puedes hacer para mejorar en cada una de las siete áreas de resultados clave: necesidades del cliente, economía, calidad, productividad, innovación, crecimiento y formación de los empleados y desarrollo de la organización. ¿Cuál es el 20% de las actividades que cuentan para el 80% de tus resultados? ¿Cuál es el 20% de los problemas que cuentan para el 80% de tu estrés o tu bajo rendimiento? ¿Cuál es el 20% de las cosas que puedes hacer para permitirte aprovechar el 80% de las oportunidades en tu campo?

Los gerentes excelentes tienen claridad. Centran continuamente sus esfuerzos en las áreas de resultados clave de sus negocios.

TRES

Establece estándares de rendimiento

UNA VEZ HAYAS determinado tus áreas de resultados clave, el siguiente paso es establecer estándares de rendimiento para cada una. Como dijo Yogi Berra: «No puedes dar en un blanco que no puedes ver».

Para que rindas al máximo como gerente, debes establecer estándares de rendimiento, e incluso estándares de *rendimiento excelente* para cada trabajo y cada función en tu área de responsabilidad. La gente necesita saber exactamente qué esperas y a qué nivel de calidad.

Estos estándares tienen que ser específicos, medibles y ajustados en el tiempo. Recuerda: «Lo que se puede medir se puede hacer».

Cuando le pidas a otra persona que haga un trabajo, debes también decirle tu calendario de conclusión deseado y cómo, exactamente, vas a medir si ese trabajo ha sido hecho apropiadamente.

Tal vez el mayor salto hacia delante en los negocios de los últimos años haya sido el concepto de «gestión basada en la medición». Es donde asignas números, cotas y estándares específicos a cada área de actividad en tu compañía, hasta el número de veces que el teléfono debe sonar antes de responder.

El efecto Hawthorne

Hay un principio en psicología llamado el efecto Hawthorne, que viene de la pionera obra sobre la productividad laboral llevada a cabo en Western Electric Hawthorne Works en 1928. Lo que descubrieron fue que cuando una persona tiene claro un número o un objetivo en particular, se compara continuamente con ese número y tanto consciente como inconscientemente mejora su rendimiento en esa área. Este proceso de mejora continua comienza contigo y tus empleados dejando claro el número en primer lugar.

El logro de los estándares de realización debe ser la única base para las recompensas en una organización. Las recompensas en una compañía puntera vienen del rendimiento, la excelencia, el incremento de ventas y los logros medibles. Las recompensas deben estar basadas solo en el rendimiento y los resultados.

En su maravilloso libro *El gran principio del management*, Michael LeBoeuf dice: «Lo que se recompensa se hace». La pregunta clave que tienes que hacerte continuamente en tu trabajo es: «¿Qué se está recompensando?». ¿Estás recompensando el rendimiento que deseas o que requieres? Siempre que veas una organización o un departamento rindiendo por debajo del estándar, casi siempre encontrarás que se están recompensando cosas erróneas.

Incentivos perversos

En una compañía para la que trabajé, los vendedores telefónicos recibían una recompensa o un bono por cada cliente potencia al que podían convencer para asistir a una presentación de ventas de los servicios de la compañía en directo. Este sistema aseguraba que varios cientos de personas asistieran a una gran presentación cada mes. Sin embargo, el número de esos clientes potenciales que realmente compraban los servicios de la compañía era bastante bajo. Los gerentes descubrieron que estaban recompensando algo equivocado.

Entonces cambiaron su sistema de compensación a un salario base más una comisión sobre las ventas hechas a las personas que habían sido invitadas a la presentación. Los vendedores, respondiendo a los nuevos incentivos, empezaron a ser mucho más cuidadosos de invitar solo a posibles clientes cualificados que pudieran convertirse en clientes inmediatos. El negocio de la compañía dobló resultados y los volvió a doblar a los pocos meses.

Inspecciona lo que esperas

Una vez hayas establecido los estándares de rendimiento, debes inspeccionar lo que esperas. Cuando asignes una tarea y establezcas un estándar de rendimiento, establece también un repaso con el empleado regularmente, para asegurarte de que el trabajo se hace según lo planeado y acordado previamente según el estándar.

Los empleados valoran la importancia de su trabajo mucho más cuando saben que al jefe le importa lo suficiente para establecer estándares y después repasarlos con ellos para asegurarse de que se están cumpliendo. Lo contrario de esta inspección regular es cuando el jefe asigna un trabajo y después se centra en otras cosas, dejando a los empleados que lo resuelvan solos sin medidas ni críticas.

La delegación no es abdicación. Aunque le hayas asignado un trabajo a otra persona, todavía eres responsable de su cumplimiento exitoso. Cuando inspeccionas lo que esperas, solo entonces la gente creerá que consideras el trabajo suficientemente importante como para que ellos se esfuercen por cumplir los estándares que han establecido mutuamente.

La claridad es esencial

En los negocios y en la vida la *claridad* es una de las palabras más importantes asociadas con el éxito. Se encuestó a miles de empleados y se les preguntó por las características de los mejores jefes que habían tenido. Concordaron universalmente en esta cuestión: «Siempre sabía lo que mi jefe esperaba que yo hiciese».

La razón por la que debes ser claro acerca de las áreas de resultados clave y los estándares de rendimiento es que, sin ellos, ni tú ni tus empleados podrán rendir a un nivel alto. Si no puedes realizar el trabajo de una manera excelente, no puedes obtener reconocimiento y promoción. No puedes rendir con distinción. Como gerente, la gente que está debajo de ti no puede hacerlo lo mejor posible a menos que sepan exactamente qué es y cómo se va a medir.

Lo más amable que puedes hacer por los miembros de tu equipo es ayudarlos a que tengan del todo claro qué es lo que necesitas que hagan y cuáles son los estándares de rendimiento. Cuando la gente tiene claro el objetivo al que se dirigen, a menudo te sorprenderán con la calidad y la cantidad de su producción y resultados.

CUATRO

Concentra tu energía

WARREN BUFFET, Bill Gates Júnior y Bill Gates Sénior hablaban juntos en un evento social cuando un ejecutivo se acercó a ellos con una pregunta. «¿Cuál dirían ustedes que es, caballeros, la cualidad más importante para el éxito en los negocios?».

Según los testigos, estos tres grandes y exitosos hombres de negocios se giraron al que preguntaba y dijeron simultáneamente: «¡La concentración!».

En un mundo de distracciones sin pausa, desde llamadas de teléfono y mensajes de voz hasta mensajes de texto, Internet y la gente que te rodea, tu capacidad para centrarte de forma resuelta es absolutamente esencial para tu éxito. De hecho, el verdadero éxito en la vida viene de desarrollar la capacidad de concentrar tu tiempo, atención y talentos en aquellas pocas tareas que pueden marcar toda la diferencia para el éxito en tu trabajo. Este es el propósito real para definir las áreas de resultados clave y establecer estándares de rendimiento.

Todo el manejo del tiempo se reduce a hacer y responder una simple pregunta: «¿Cuál es el uso más valioso que le puedo dar a mi tiempo ahora mismo?». Tal vez la mejor definición de manejo del tiempo es que es «tu capacidad para elegir la secuencia de sucesos». Tu capacidad para organizar tu tiempo en tal secuencia que tengas claro qué haces primero, qué haces segundo y qué no vas a hacer en absoluto, es la clave para doblar y triplicar tu productividad y la productividad de la gente que te informa a ti.

La ley del tres

Durante más de treinta años de estudio y enseñanza sobre el manejo del tiempo he descubierto un poderoso principio que potencialmente transforma la vida y la carrera. Esta regla de tres dice que no importa cuántas tareas realices en el curso de un mes, solo hay tres tareas y actividades que cuentan para el 90% del valor de la contribución que haces a tu negocio.

En este sentido la palabra *contribución* es bastante poderosa a la hora de determinar tu éxito en tu carrera. Cuanto más valiosa sea tu contribución a la obtención de los objetivos globales de tu negocio, más valioso e importante te volverás tú mismo también.

Tres preguntas mágicas

¿Cómo determinar estas «tres grandes cosas»? Simple. Hazte las tres preguntas mágicas.

1. *Si solo pudieras hacer una cosa, durante todo el día, ¿qué única tarea o actividad contribuiría a otorgarle más valor a mi negocio?* Haz una lista de todo lo que haces en el curso de un mes y después revísala. Probablemente verás claramente la primera actividad de las que realizas que más contribuye. Pon un círculo alrededor de esa tarea.

2. *Si solamente pudieras hacer dos cosas, durante todo el día, ¿cuál sería la segunda actividad que contribuiría a otorgarle más valor a mi negocio?* Normalmente esto también lo verás claramente. Puede que tengas que comparar y contrastar diferentes cosas que haces para asegurarte de que tienes la respuesta correcta, pero normalmente no es difícil.

3. *Si solamente pudieras hacer tres cosas, durante todo el día, ¿cuál sería la tercera tarea que más contribuiría a otorgarle valor a mi negocio?* He realizado este ejercicio con miles de ejecutivos y empresarios. Sin excepción, en cada caso, en cuestión de uno o dos minutos la gente tiene claro cuáles son las tres cosas más importantes que pueden hacer (o que deberían estar haciendo) que contribuyen a otorgar más valor tanto a sí mismos como a sus negocios.

Esta regla de tres significa que cualquier otra cosa que no sean estos tres grandes trabajos entran dentro de la categoría del 10%. Cualquier otra actividad es de poco o ningún valor. La razón primordial del fracaso en la sala de ejecutivos es que hay demasiada gente gastando demasiado tiempo en trabajar en muchas tareas que tienen poco o nulo valor para sí mismos o sus negocios. No hacen ninguna contribución.

Define las tres grandes cosas de los demás

Una vez tengas completamente claro cuál es el uso más valioso de tu tiempo, deberías ayudar a cada persona que te rinde cuentas a ti a identificar también sus «tres grandes cosas». Puedes transformar la productividad y el rendimiento de todo tu equipo de trabajo ayudando a tus empleados a tener totalmente claro y a concentrarse en las tres tareas que pueden hacer, durante todo el día, para realizar la mayor contribución.

Una de las cosas más amables que puedes hacer por los miembros de tu equipo es animarlos a responder estas preguntas por sí mismos. Solamente cuando los empleados conocen sus tareas más importantes pueden rendir con excelencia. Solo cuando están trabajando en sus tareas clave, y las hacen bien, de una forma oportuna, pueden hacer su máxima contribución y se les podrá pagar más y ascender más rápido.

Las tres palabras para un rendimiento máximo son *claridad, atención* y *concentración*. Una vez hayas decidido la tarea más importante que puedes completar, tu siguiente deber contigo mismo es concentrarte de forma decidida en esa única tarea hasta que esté completa en un cien por cien.

La finalización de tareas es la clave del éxito en el trabajo y en la vida. La finalización de tareas importantes es aún más importante en el éxito. Y completar tus tareas más importantes antes que cualquier otra cosa hará más por poner tu carrera en el camino directo que cualquier otra actividad en la que puedas implicarte en el trabajo. (Por favor, lee mi pequeño libro *Administración del tiempo* para obtener más ideas sobre cómo incrementar tu productividad, tu rendimiento y tus resultados.)

CINCO

Las funciones vitales de la gerencia

HAY VARIAS funciones vitales de la gerencia que determinan el éxito o el fracaso de la ejecutiva. «El concepto de las funciones vitales» viene de la medicina y del área de la salud. Es un modo original y útil para que observes las actividades de tu carrera.

Supón que vas al médico para un chequeo físico completo. El doctor te dice que tienes una serie de problemas médicos potenciales. Tienes sobrepeso y la presión alta; no estás en forma física y comes cosas que no debes, y tienes malos hábitos.

Si quieres estar genuinamente saludable vas a tener que hacer modificaciones y cambios en cada una de esas funciones vitales. Las funciones vitales reales son el ritmo cardiaco, la temperatura, la presión sanguínea, la actividad cerebral, el ritmo respiratorio y otras medidas fisiológicas. Cada una es una definición clínica de vida o muerte. Si te falta alguno de estos signos vitales estás clínicamente muerto.

Armado de información, decides realizar una serie de cambios en tus hábitos de salud. Para comenzar, decides salir a caminar treinta minutos al día, o aproximadamente 210 minutos a la semana, que es el número ideal de minutos para que finalmente disfrutes de una excelente salud física. Pero cuando comienzas a caminar treinta minutos al día para reducir tu peso, ¿qué ocurre con tu ritmo cardiaco, tu presión sanguínea e incluso tu actividad cerebral?

La respuesta es que a medida que mejoras en un área, simultáneamente comienzas a mejorar en cada una de las otras.

Ocurre lo mismo con la gestión. Cuando mejoras en cada una de las funciones importantes de la gestión, esta mejora se expande y provoca una mejora también en otras áreas. Al concentrarte en mejorar una habilidad de gestión particular, simultáneamente comienzas a mejorar en todos los ámbitos de tus capacidades de gestión.

Realmente creas un efecto multiplicador que puede llevarte a una rápida mejora global de tu nivel de habilidad y del valor de la contribución que haces a tu compañía.

Siete funciones vitales de la gerencia

En la gerencia debes rendir a un nivel adecuado en cada una de las siete áreas si quieres ser capaz de hacer tu trabajo de una manera excelente. La ausencia de una sola de estas siete funciones vitales puede llevarte a fracasar como ejecutivo.

Haz planes

Planear es una herramienta de gestión clave y la primera función vital. Tu capacidad para planear cuidadosamente todo lo que necesitas que se haga, por adelantado, te permite conseguir infinitamente más que una persona que trabaje sin un plan.

La regla para el éxito en la gerencia es «pensar sobre el papel». Escribe tus objetivos y deja absolutamente claras las metas que deseas conseguir. Haz listas detalladas de cada paso que tendrás que dar para conseguir esas metas. Haz listas de comprobación de esas actividades en orden cronológico para crear una receta o un plano que puedas seguir paso a paso.

Cuanta mayor claridad tiene la gente acerca de los objetivos y los planes, más rápido se pondrán a trabajar y mejor podrán hacer sus trabajos.

Organízate

La segunda función vital de la gerencia es la organización. Una vez hecho el plan, tienes que reunir la gente, el dinero, los recursos y los servicios necesarios para convertir el plan en realidad.

Los mejores ejecutivos son excelentes planeando y organizando. Como resultado, pueden reunir y coordinar las actividades de un gran número de personas para conseguir tareas extraordinariamente complejas.

Tanto en los Juegos Olímpicos de verano de Los Ángeles en 1984 como en los Juegos Olímpicos de invierno de Salt Lake City en 2002, el comité olímpico se encontraba sumido en tal confusión que se esperaban grandes pérdidas económicas para ambas ciudades. Entonces Los Ángeles contrató a Peter Ueberroth, comisionado de béisbol, y Salt Lake City trajo a Mitt Romney, el candidato republicano a la presidencia en 2012.

En ambos casos estos dos ejecutivos extremadamente talentosos inmediatamente se pusieron a planear, organizar y coordinar a decenas de miles de personas en vastas áreas geográficas, lidiando con miles de detalles, y ambos hombres libraron del fuego económico a los juegos. Debido a las habilidades de planificación y organización de estos dos hombres, los juegos pasaron de una enorme proyección de pérdidas a altos niveles de rentabilidad y a un éxito tremendo desde el punto de vista de la participación y los espectadores.

De nuevo, la clave para organizar bien es «pensar sobre el papel». Discute lo que tiene que hacerse con todo el que sea esencial para llevar a cabo el plan. Cuanto más tiempo pases planeando y organizando antes de entrar en acción, más probable será que tengas éxito.

Encuentra a las mejores personas

La tercera clase de función vital de la gestión es la contratación o el reclutamiento. Tu capacidad para seleccionar a las personas adecuadas para ayudarte a conseguir los objetivos que has establecido es central para tu éxito como gerente. En muchos casos una persona débil o incompetente en una tarea clave puede conducir al fracaso de la empresa. La prensa financiera saca frecuentemente historias de altos ejecutivos que han tomado malas decisiones y casi llevan a la bancarrota a grandes compañías.

Para realizar tu contribución más valiosa debes entrevistar y contratar a las mejores personas para el trabajo. Simultáneamente debes despedir a las personas que no son capaces de hacer un trabajo excelente en la consecución de tus objetivos.

Aprende a delegar

La cuarta función vital es la delegación. Delegar es una herramienta esencial que debes aprender porque te capacita para maximizar la productividad y provoca las mejores contribuciones de las personas que te rinden cuentas.

Mantente encima

La quinta función vital de la gestión es la supervisión. La supervisión requiere que la gente tenga absolutamente claro qué quieres que hagan y con qué estándares de rendimiento. Tú después compruebas todo eso regularmente para asegurarte de que se está haciendo el trabajo a tiempo y bajo los estándares que han acordado.

Cuando la gente sabe que te importa lo suficiente el trabajo como para comprobar su progreso regularmente, es mucho más probable que hagan un trabajo excelente y según la agenda establecida.

Mantén a la gente informada

La sexta función vital de la gestión es la información. Cuando haces un buen trabajo, o incluso cuando tienes problemas y dificultades, es esencial que la gente de tu alrededor sepa lo que está pasando, sea bueno o malo.

Asegúrate de que la comunicación entre tú y tu jefe sea clara y coherente. Establece una rutina regular de reuniones privadas y en persona para mantener a tu jefe totalmente informado de lo que estás haciendo y de cómo va.

También es esencial que te comuniques con tus compañeros y colegas, aquellas personas sobre las que no tienes control pero que necesitan saber lo que estás haciendo para hacer sus trabajos con un estándar aceptablemente alto.

Finalmente, practica una gestión de puertas abiertas con tu equipo. Cuéntale a tu equipo todo lo que está pasando: lo bueno, lo malo y lo feo. Según las entrevistas y estudios de «Great Place to Work» [Un gran lugar donde trabajar] que se realizan cada año, los empleados felices que trabajan para una organización dicen que siempre se sienten «al tanto» de las cosas que afectan a su trabajo y su compañía.

Establece estándares claros

La séptima función vital de la gestión es la medición. Como hemos mencionado anteriormente, aquí es donde estableces estándares claros para lo que quieres que se haga de tal modo que los empleados sepan exactamente cómo medir su rendimiento.

Habrás escuchado el dicho: «Si puede medirse, puede hacerse». Fuérzate a ti mismo y a tu equipo a poner un número a cada actividad. La buena noticia es que todas las actividades empresariales pueden medirse, normalmente con números económicos. Si no con números económicos, se pueden medir con alguna otra clase de números. Tu trabajo es ayudar a la gente a seleccionar el número correcto para medir el rendimiento de un trabajo en cierta área, y después concentrarse en cumplir o superar ese número.

Así pues, comprométete hoy a mejorar en las funciones vitales de la gerencia —planificación, organización, contratación, delegación, supervisión, información y medición—, y después dedícate a mejorar de forma continua e incesante en cada área.

SEIS

Gestión por objetivos

USADA CON la gente adecuada en la situación correcta, la gestión por objetivos es una herramienta vital que puede incrementar drásticamente tu producción y edificar a tus subordinados. La mayoría de los gerentes no usan la GPO, o, si lo hacen, la usan incorrecta o inapropiadamente.

La GPO se usa para empleados competentes que han demostrado su capacidad para hacer un trabajo a un nivel aceptable de calidad. Cuando tienes un trabajo que necesitas que se haga, traes a una persona que sientes que es capaz de hacerlo de una manera excelente. Podría ser conseguir cierto nivel de ventas, el comienzo y la finalización de un proyecto o la transformación de todo un departamento o división. Tu objetivo es asignar la tarea completa a una persona que haya demostrado la capacidad de hacer esta clase de trabajos en el pasado.

Recuerda: la finalización exitosa de una tarea es la clave para entrar en la vía rápida en los negocios. La capacidad para planificar, organizar y completar una tarea o proyecto en un nivel de rendimiento aceptable es la cualidad más importante que puedes desarrollar en tu vida empresarial.

La claridad es tu amiga

Con la GPO, la claridad es tu mejor amiga. Una vez hayas seleccionado a la persona a quien le vas a dar el trabajo, mutuamente acuerdas con ella qué es exactamente lo que se tiene que conseguir y cómo se va a medir. Conlleva una buena cantidad de discusión, de intercambio, hasta que ambos tengan clara una definición de la tarea a completar y estén de acuerdo en cómo se medirá.

Hace algunos años mi jefe me pidió que me hiciera cargo del desarrollo de un proyecto inmobiliario en el límite de una pequeña ciudad a unos quinientos kilómetros de la oficina central. Estaba hambriento y era ambicioso, así que acepté la misión inmediatamente.

Al día siguiente volé hasta la ciudad grande más cercana y después conduje hasta el municipio e inspeccioné la propiedad que mi compañía había comprado. No tenía ningún valor hasta que fuera urbanizada por parcelas y vendida. Ese era mi trabajo, aunque nunca lo había hecho antes.

Mi jefe, un empresario brillante, le había comprado esta propiedad a un agente inmobiliario sobre el mapa. Nunca había visitado la ciudad ni había visto la propiedad cuando me la entregó para que la convirtiera en una inversión financiera viable.

Yo era un estudiante entusiasta. Le hice preguntas a todo el mundo, tomé notas y después las comparé. Contraté expertos ingenieros que me dieron buenos consejos y me presentaron a otros expertos en otras áreas de actividad. Como resultado, al cabo de dieciocho meses fui capaz de completar un plan de urbanización para la propiedad. Fue subdividido, con solares y calles para 335 hogares, un parque industrial y un centro comercial.

Con estos planes trabajé con el ayuntamiento para conseguir la aprobación, contraté a una empresa de ingenieros para que hicieran todos los servicios subterráneos y construyeran las carreteras y después vendí todas las parcelas del terreno a los promotores, que posteriormente construyeron los vecindarios residenciales, el parque industrial y el centro comercial.

Gestiona con un objetivo claro

La parte interesante de esta historia, aparte de la cantidad de cosas que aprendí y los más de tres millones de dólares en beneficios que retorné a mi compañía, fue que mi jefe nunca visitó la propiedad. Él me confió el 100% de la responsabilidad para que yo completase los cientos de detalles necesarios para tener éxito en aquel proyecto. Era un maestro en el uso de la gestión por objetivos.

Una vez has acordado la tarea a completar, entonces acuerda las medidas y los estándares de rendimiento, así como la agenda de trabajo y finalización. Los detalles exactos se pueden discutir, negociar e incluso cambiar más adelante si consigues nueva información.

Permanece disponible

La siguiente parte de la gestión por objetivos es que tú permanezcas disponible para la persona a la que has asignado la tarea. Deja claro que el individuo es completamente responsable de la tarea que le has asignado, pero que si la persona necesita cualquier ayuda o asistencia, tú siempre estás disponible.

Deja libre a la persona para que haga el trabajo. Una vez ambos hayan acordado el resultado o el objetivo final del proyecto, permite que lo consiga usando sus propias ideas, métodos y técnicas. Aunque pienses que tú podrías o deberías hacerlo de forma diferente, dale a la persona la mayor cantidad de libertad posible para encontrar modos creativos de lidiar con «la situación a pie de campo» según avanza el proyecto. No te resistas a ofrecer ideas y consejo, pero deja que la persona a la que le has asignado el trabajo tome la decisión final acerca de cómo hacerlo.

Finalmente planea revisar el proyecto con una base preestablecida, una vez a la semana, cada dos semanas o incluso una vez al mes. Cuanto más importante sea la tarea que has asignado, más importante será que hagas una comprobación regularmente para asegurarte de que se está cumpliendo con fechas y presupuesto.

Multiplica tu aportación

La gestión por objetivos es una manera eficaz de multiplicar tu producción al pasarles trabajos críticos y áreas de responsabilidad a empleados experimentados. La asignación de una responsabilidad completa para un proyecto también es uno de los modos más poderosos de hacer aumentar la competencia y la confianza de la gente. Todos los ejecutivos exitosos se han convertido en excelentes en la gestión por objetivos, porque les capacita para conseguir infinitamente más que el gerente medio.

SIETE

Gestión por excepción

LA GESTIÓN POR excepción es un excelente ahorrador de tiempo y constructor de personas. Así es como funciona: una vez has encargado una misión y has establecido con claridad las medidas y los límites de tiempo, le dices a la persona: «Ven a verme solo si hay alguna variación en lo que hemos acordado». Al usar la gestión por excepción, «La falta de noticias es una buena noticia». Si no escuchas nada del empleado, entonces puedes suponer con tranquilidad que todo está bien y que el trabajo va según lo planeado.

También puedes usar la gestión por excepción en otras áreas. Cuando estoy al teléfono con alguien reacio a establecer una cita a cierta hora, le digo: «Gestionemos esto por excepción. Acordemos reunirnos o hablar a las tres de la tarde del jueves. Si sucede algo y no te viene bien esa hora, puedes llamarme y cambiamos la cita a otro momento más conveniente. Pero si no me dices nada, supondré que nos reuniremos / hablaremos a las tres».

Esta práctica le da la máxima libertad a la gente, la libera de la «etiqueta telefónica» y de la necesidad de estar en comunicación continua con la otra persona, y señala un alto nivel de confianza en la capacidad de la otra persona para hacer el trabajo.

Libertad y responsabilidad

Dos de las mejores motivaciones en los negocios son la libertad y la responsabilidad. La gente quiere disfrutar al máximo de la libertad a la hora de realizar sus tareas y llevar a cabo sus trabajos. Al mismo tiempo, hacer a la gente responsable del cumplimiento exitoso de las tareas puede aumentar su autoestima y su confianza en sí mismos. Ambas cosas van de la mano.

Como gerente, puedes multiplicar y aprovechar tu efectividad por el número de personas a las que puedes encargar tareas completas para que las hagan sin tu supervisión ni implicación directa. Busca siempre modos de traspasar una tarea usando la gestión por objetivos o por excepción, o ambas al mismo tiempo.

Cuanto más trabajo pueda ser completado por otras personas sin tu esfuerzo directo o implicación, más podrás hacer tú. Simultáneamente, tendrás más tiempo para realizar aquellas tareas que solo puedes hacer tú, que son las esenciales para el éxito en tu posición.

OCHO

Delega eficazmente

TU CAPACIDAD para delegar bien a los demás es una función vital de la gerencia (como explicamos en el capítulo 5) y un determinante clave de tu capacidad para tener éxito como ejecutivo. Delegar es tanto un arte como una ciencia. Es una habilidad esencial que te permite pasar de lo puedes hacer a lo puedes controlar. Por medio de la delegación multiplicas tu influencia en tu negocio desbloqueando y usando todo el potencial de las otras personas.

El punto de partida de la delegación es que tengas absolutamente claro el trabajo que tiene que hacerse. ¿Exactamente, cuál es ese trabajo? ¿Cómo se va a medir? ¿Cuándo necesitas que esté hecho? ¿Qué nivel de habilidad, capacidad o competencia requerirá una persona para hacer este trabajo de manera excepcional?

Selecciona a la persona adecuada

Una parte importante de la delegación es seleccionar a la persona adecuada para la designación de una tarea en particular. Tienes que conectar con cuidado la tarea a las habilidades del empleado. ¿Esta persona puede hacer este trabajo? ¿Tiene esta persona las cualidades y la experiencia requeridas para cumplir la tarea de un modo excelente?

Esta decisión es más una cuestión de juicio, experiencia y consideración de tu parte. Uno de los grandes errores que cometen los gerentes en la delegación es asignar una tarea a alguien que no tiene las habilidades, la confianza, la capacidad o la motivación para conseguirla.

Tu elección de la persona, pues, determinará en gran manera la calidad del resultado final, e incluso si la asignación de la tarea tiene éxito o fracasa.

Explica los resultados que quieres

Cuando delegues, explica los resultados que quieres, y explica por qué quieres esos resultados. Cuando asignas una tarea, el «porqué» es más importante que el «cómo». Si la gente sabe por qué quieres que se haga de este modo, o por qué la tarea es importante, entonces tendrán una flexibilidad mucho mayor para tomar decisiones en la consecución de la tarea. El subordinado será más creativo e innovador a la hora de conseguir los resultados que tú deseas.

Evita malentendidos

Cuando encargas una tarea verbalmente sin nada por escrito la posibilidad de malentendidos es enorme. Para cuando tus empleados regresen a su oficina o escritorio, casi habrán olvidado lo que les has pedido que hagan, y cuándo, y en base a qué estándar. Haz que los empleados escriban la tarea y después te la repitan.

Una vez hayas tenido un buen intercambio de palabras acerca del trabajo, y el empleado te haya repetido exactamente lo que tú le has pedido que haga, y ambos tengan clara la misión, entonces cede el 100% de la responsabilidad de la finalización de la tarea a la otra persona.

Delega la tarea completa

Es importante que delegues un trabajo completo en vez de solo una parte. El trabajo que delegas debe ser la responsabilidad del individuo, y su terminación debe estar enteramente bajo el control de esa persona. Aparte de ti mismo, la otra persona no debe tener necesidad de conseguir asistencia o soporte de nadie más para hacer el trabajo que le has asignado.

La gente crece en responsabilidad por las tareas completas. Cuando les das a las personas el 100% de un trabajo a hacer, y les haces 100% responsables, estarán mucho más motivados para hacer el trabajo en el tiempo estimado.

No interfieras ni retomes el trabajo

Resiste la tentación de ir a echar un vistazo al empleado. Resiste la tentación de ofrecer continuamente ideas y comentarios sobre cómo se podría hacer mejor. Resiste la tentación de interferir. Cuando les des a tus empleados el trabajo, expresa total confianza en su capacidad para hacerlo como se ha acordado.

Tampoco retomes tú el trabajo. Si el empleado te pide que hagas una llamada de teléfono por él o que le consigas cierta información, o que realices cierta tarea necesaria para realizar el trabajo que le asignaste, entonces simplemente te ha delegado de nuevo a ti la tarea. Ahora tu empleado no necesita hacer nada hasta que hayas completado tú el trabajo. Puede volver a su oficina a jugar con el ordenador hasta que tú realices la tarea que has prometido. No dejes que esto ocurra.

Revisa el progreso regularmente

Finalmente, establece reuniones regulares para revisar el progreso. Durante estas reuniones regulares sería cuando podrías tener la oportunidad de estar al tanto de las cosas. Como un médico tomándole el pulso a sus pacientes, tú tomas el pulso de la tarea al preguntar regularmente: «¿Cómo va?».

Una gran razón para establecer reuniones de revisión regulares es tomar nota de lo bien que lo está haciendo la gente con sus misiones y lo apropiado de la tarea para una persona en particular. Puede que a veces accidentalmente delegues una tarea que va más allá de la capacidad de una persona. Tal vez el empleado quiera hacer el trabajo, pero no sabe exactamente cómo.

Si descubres que la tarea que has asignado es demasiado para tus empleados y que se están llevando las manos a la cabeza, puede que necesites reestructurar la tarea y dividirla en piezas más pequeñas. O tal vez tengas que darle a un empleado aportación o recursos adicionales, o hacer que otra persona realice una parte de la tarea que el otro no es capaz de completar solo. Tal vez una tarea en particular requiera varias habilidades. A veces la persona a la que tú le asignas el trabajo tiene varias de las habilidades necesarias, pero le falta una. En ese caso puedes retirarle esta responsabilidad en particular al individuo y dársela a alguien que sea más competente en esa área laboral.

NUEVE

Fomenta a los grandes trabajadores

UNA DE TUS primeras responsabilidades como gerente es construir un equipo de individuos de gran rendimiento para tu compañía. La gente que es positiva, motivada y totalmente comprometida con su trabajo es muchísimo más productiva que los empleados corrientes. Hacen más, producen un trabajo de mayor calidad y son más creativos e innovadores en todo lo que hacen.

Las organizaciones de alto rendimiento son aquellas en las que la gente se siente muy a gusto consigo misma y son felices con la relación con sus superiores. La gente que es feliz en su trabajo y que se siente bien consigo misma realiza mucho más trabajo y mucho mejor que aquellos que no.

El fundamento de los grandes trabajadores es una autoestima alta. La autoestima se define como «cuánto te gustas a ti mismo». Cuanto más se guste y se respete a sí mismo alguien, mejor rendirá, y mejor trabajará con otros, y más confianza y competencia tendrá.

Desbloquea el potencial del individuo

Los psicólogos han identificado siete conductas o condiciones gerenciales que puedes crear para motivar a la gente bajo tu control, a la vez que elevas su autoestima e incrementas su rendimiento.

Desafíalos

La primera motivación es el desafío. El primer deseo de la gente en su lugar de trabajo es trabajar en algo que sea interesante, significativo y que haga relucir cada uno de sus talentos. La gente quiere sentirse desafiada y totalmente involucrada en su trabajo.

Para satisfacer esta necesidad debes darle a la gente trabajos que vayan más allá de sus capacidades para que tengan que esmerarse, en términos de inversión de tiempo y esfuerzo, para realizar un trabajo bien hecho. Solo cuando la persona se esmera por superarse a sí misma y superar el modo en que realiza su trabajo se siente totalmente viva y ganadora.

Dales libertad

La segunda motivación es la libertad (como mencionamos previamente en el capítulo 7). La gente disfruta teniendo un máximo de libertad en sus trabajos. Practica el darle a cada individuo tanta libertad como sea posible para conseguir el objetivo acordado. La clave para darle a la gente esta libertad gira en torno a tus habilidades a la hora de usar la gestión por objetivos y por excepción, y tu capacidad para delegar bien.

Dales respeto

La tercera motivación para fomentar un equipo de grandes trabajadores es el respeto. La gente tiene una gran necesidad de ser respetada por otras personas cuyas opiniones valoran, especialmente sus jefes. Los empleados necesitan ser capaces de expresar sus pensamientos, sentimientos y preocupaciones a sus jefes… y necesitan sentir que el jefe respeta genuinamente sus ideas, ya sea que él las acepte y esté de acuerdo con ellos o no. Cuanto más sientan tus empleados que los respetas, más te respetarán a ti y querrán hacer un buen trabajo para ti.

El factor de la amistad

La cuarta motivación en el mundo del trabajo es la calidez. Hoy, en el lugar de trabajo, uno de los elementos más importantes es al que se le llama «el factor de la amistad».

A la gente le gusta trabajar para aquellos que creen que se preocupan por ellos como individuos. Tú expresas calidez cuando le preguntas a la gente por sus opiniones o juicios. Emites calidez a los miembros de tu equipo cuando les hablas y les haces preguntas acerca de temas no relacionados con el trabajo, como deportes o aficiones. Puedes preguntarles por sus familias, sus vidas personales y actividades, sus hijos, etcétera. Siempre que expresas un interés genuino en estas materias, transmites que te importa la otra persona como ser humano en vez de simplemente como un empleado en tu compañía.

Mantén el contacto

La quinta motivación es el control. Asignar a alguien un trabajo y después olvidarte de ello es mucho más desmoralizador para esa persona que si le otorgas una tarea y después la compruebas regularmente con el trabajador. Cuanto más compruebes el rendimiento de una persona a la hora de completar una tarea asignada, mucho más sentirá esa persona que el trabajo es importante; y, por lo tanto, que la persona también es importante.

Realiza una serie regular de «revisiones de rendimiento no críticas». Haz preguntas como: «¿Cómo va?». Pregunta si hay algún modo en que puedes ayudar o si puedes proporcionar algún recurso para ayudar a la persona a hacer el trabajo. Este gesto le hace saber al empleado que consideras importante la tarea y que te preocupa tanto la tarea como la persona que la realiza.

Déjales ganar

La sexta motivación es proporcionar experiencias de éxito. Siempre que asignes un trabajo que tus empleados puedan hacer bien, y cuando completen la tarea, tendrán una experiencia de éxito y se sentirán ganadores. Todo lo que tú puedas hacer o decir que haga que tus empleados se sientan ganadores eleva su autoestima, mejora su rendimiento global e incrementa el valor de su contribución a la organización.

Espera lo mejor

La séptima motivación son las expectativas positivas. Esta es una de las herramientas más poderosas para elevar la autoestima y la confianza de los demás. Cuando expresas confianza en los miembros de tu equipo, ellos normalmente harán todo lo posible para mostrarte que tienes razón. Expresa continuamente a los miembros de tu equipo que crees en su capacidad de hacer un trabajo excelente.

Hace algunos años contraté a un joven para que llevase el departamento de repuestos en un gran negocio de importación y distribución de automóviles que estaba montando. La razón por la que le contraté fue que había adquirido experiencia con una compañía previa. Por desgracia, había sido despedido bruscamente de aquel trabajo debido a un conflicto con su jefe. Esta experiencia realmente le había quitado toda la confianza en sí mismo. Como resultado, era tímido e inseguro. Continuamente restaba importancia a su capacidad e intentaba convencerme de que tenía una experiencia limitada, declarando como recordatorio: «Como sabes, fui despedido de mi anterior trabajo».

Sin embargo, como una fuerza erosiva, seguí diciéndole lo bueno que era. Seguí diciéndole que creía que él tenía la capacidad de ser un gerente de repuestos totalmente excelente. Y de toda la gente que contraté para ayudarme en la construcción de ese negocio él resultó ser el mejor trabajador de todos.

Deja claro que crees en tu gente. Diles que crees en ellos. Aunque no estés del todo seguro, exagera un poco. Tus expectativas positivas hacia los demás rara vez llevarán a la desilusión.

DIEZ

Consigue una ventaja gerencial

UNO DE TUS objetivos como gerente es incrementar la calidad y la cantidad de tus salidas relativas a tus entradas. Hay varias maneras de incrementar e incluso multiplicar tu productividad como gerente.

Primero, trabaja más duro. Cuando llegues al trabajo toma la decisión de «trabajar todo el tiempo que trabajes». No pierdas el tiempo. No charles con los compañeros. No te bebas el café, ni navegues por Internet, ni leas el periódico. En vez de eso, trabaja todo el tiempo que trabajes.

Una triste verdad es que la mayoría de las personas son perezosas. No es políticamente correcto decirlo, pero todo el mundo lo sabe. La mayoría busca el camino de menor resistencia en cada acción y se esfuerzan continuamente por hacer el mínimo trabajo posible a lo largo del día. De hecho, el 50% del llamado «tiempo de trabajo» se pasa charlando con los compañeros, navegando por Internet, leyendo el periódico, encargándose de asuntos personales, yendo de compras, llegando más tarde y marchándose antes, etcétera. La mayoría de la gente es vaga y no muy productiva.

Tú puedes apartarte de tus compañeros simplemente tomando el hábito de «trabajar todo el tiempo que trabajes». Trabaja más duro, y después todavía un poco más. Desarrolla la reputación de ser la persona que trabaja más duro en tu compañía. Nada te pondrá en primera línea con tus superiores de una manera más fiable que obtener la reputación de ser un gran trabajador.

Acelera el paso

Dos, trabaja más rápido. Acelera el paso. Desarrolla un tempo rápido en tu trabajo. Muévete rápidamente, como si tuvieras mucho que hacer en muy poco tiempo.

Trabajar más duro y hacerlo más rápido son hábitos que puedes desarrollar con práctica y repetición. Mantente ocupado. No pares. Empieza y continúa. No pierdas el tiempo.

Trabaja más horas

La tercera manera de incrementar tu productividad es trabajar más. La persona media trabaja entre treinta y dos y cuarenta horas a la semana, y la mitad del tiempo en el lugar de trabajo normalmente se desperdicia en actividades que no son de trabajo. Los ingresos deben ser diluidos y reducidos tendiendo en cuenta el hecho de que la mayoría de las personas no son particularmente productivas. Cuando trabajan normalmente lo hacen en actividades que son divertidas y fáciles en vez de aquellas que son grandes, valiosas e importantes.

Puedes doblar tu productividad de la noche a la mañana con una simple fórmula que practican los grandes de cualquier campo: empieza un poco más pronto, trabaja un poco más duro y quédate un poco más tarde.

Si lo normal es trabajar de nueve a cinco, tú deberías tener el hábito de empezar a las 7:30 o a las ocho y trabajar hasta las seis de la tarde. Trabaja también en la hora de la comida. Esta simple reestructuración de tu día añadirá tres horas de tiempo productivo a tus actividades y prácticamente doblará tu productividad de la noche a la mañana.

Establece prioridades

Haz más cosas importantes. Haz una lista antes de empezar y establece prioridades en tu lista. Recuerda la regla del 80/20, que dice que el 80% del valor de tu contribución estará contenido en el 20% de las cosas que haces.

Aun más, según la regla de tres, el 90% del valor de tu contribución seguramente estará dentro de solo tres tareas o actividades. ¿Sabes cuáles son? Si solo pudieras hacer tres cosas en todo el día, ¿cuáles serían? Tus respuestas serán también la contestación de esta pregunta: «¿Por qué estoy en nómina?».

Aprieta las tuercas

Hay una gran cuestión que deberías hacerte y responder al comienzo de cada jornada laboral. «Si solamente pudiera completar una tarea antes de tener que salir de la ciudad por un mes, ¿qué tarea sería?».

Sea cual sea tu respuesta, comienza con la primera tarea antes de hacer cualquier otra cosa. No compruebes tu correo electrónico, no tomes otra taza de café ni leas los titulares del día. No socialices con tus amigos. Baja la cabeza y zambúllete en tu tarea más importante. Después decide permanecer en esa tarea hasta que esté completa al 100%.

Si comienzas cada día completando una tarea importante, tu productividad incrementará drásticamente. Incluso mejor: te sentirás estupendamente contigo mismo.
Te sentirás como un ganador, como un gran trabajador,
porque lo eres.

Aprovecha el trabajo en equipo

Un equipo bien organizado consistente en unas pocas
personas trabajando juntas puede producir mucho más
trabajo que un gran número de personas trabajando indivi-
dualmente. Así que divide el trabajo entre varias personas y
después trabajen juntos en armonía.

Siempre que sea posible delega, reduce el personal,
externaliza y elimina tareas para que haya más cosas
importantes hechas en periodos de tiempo más cortos.
Asigna o delega todo lo que pueda hacer otra persona al
menos un 70% tan bien como tú. Trabaja en armonía con
los miembros de tu equipo para incrementar su productividad global.

Agrupa tus tareas

Cuando haces varias tareas similares al mismo tiempo,
pasas rápidamente a la parte baja de la curva de aprendizaje. Cada tarea repetida toma menos tiempo que la
anterior. Después de haber hecho entre siete y diez tareas
similares, como comprobar el correo electrónico, dictar
correspondencia, escribir informes o cualquier cosa que
sea repetitiva, estarás completando cada tarea en un 20%
del tiempo que te tomó completar la primera tarea de la
serie.

Por otro lado, comenzar una tarea y después hacer otra
cosa, regresar a esa tarea y parar después y hacer otra cosa,

puede incrementar la cantidad de tiempo que te toma hacer algo casi en un 500%. La concentración y la resolución son absolutamente esenciales para una gran productividad.

Piensa en ti mismo como en una fábrica, con entradas, procesos de trabajo y producciones. Concéntrate en la producción más importante, y cuando comiences a trabajar decide trabajar todo el tiempo que trabajes.

ONCE

Contrata al personal adecuado

TU CAPACIDAD para contratar a la gente adecuada para ayudarte a hacer el trabajo determinará tu éxito tanto como cualquier otro factor. Si no puedes contratar a buenas personas con las habilidades, el conocimiento y la disposición adecuados para asistirte, terminarás teniendo que hacer gran parte del trabajo tú mismo. Los gerentes que no pueden multiplicarse a sí mismos por medio de otras personas nunca serán ascendidos a posiciones de mayor responsabilidad.

En su éxito de ventas *Pensar rápido, pensar despacio*, Daniel Kahneman explica que hay actividades que requieren «pensamiento rápido», un razonamiento veloz, resuelto, impulsivo e intuitivo, y sobre las que puedes tomar decisiones rápidas, como cambiar de carril mientras circulas.

Por otro lado, hay otras actividades que requieren «pensamiento lento». Requieren que aminores la marcha, reúnas información, reflexiones con cautela y decidas despacio. Por eso Peter Drucker dice: «Las decisiones de la gente que va deprisa invariablemente son decisiones de personas equivocadas».

Piensa sobre el papel

Para contratar a la persona adecuada comienza pensando sobre el papel. Escribe una descripción de la persona perfecta para esta posición en particular. Escribe todas las características, cualidades, experiencias, habilidades o talentos que el candidato ideal debería tener, exactamente como si estuvieras haciendo un pedido a fábrica para un producto personalizado.

Después, escribe una descripción del trabajo (o trabajos) que quieres que esta persona haga. Describe los efectos esperados o los resultados del trabajo, y hazlos mensurables. Describe los talentos demostrados y las habilidades que necesita tener la persona para conseguir esos resultados. Después describe el temperamento y la personalidad de la persona ideal que querrías contratar.

Sé totalmente egoísta cuando realices este proceso. Decide que solo vas a contratar a alguien que te guste y que respetes y cuya compañía disfrutes. La «agradabilidad» es un factor importantísimo en todas las relaciones humanas, y deberías establecerlo como uno de tus estándares para contratar personal.

La fórmula LATA

Las cuatro letras de la fórmula LATA te ofrecen una receta que puedes seguir para contratar a la mejor gente.

La *L* es por «listo». Busca gente lista, inteligente, curiosa, que siempre parezcan positivos, brillantes y que estén interesados tanto en ti como en tu trabajo.

La *A* es por «ambicioso». Los mejores empleados son aquellos que ven tu oferta de trabajo como un trampolín para recibir cosas aún mejores en el futuro. Están convencidos de que aceptar tu oferta y realizar un trabajo excelente para ti les abrirá puertas que les ayudarán en su carrera.

La *T* es por «trabajador». Recuerda que la mayoría de personas son perezosas y solo buscan un lugar donde puedan ser vagas cobrando un sueldo de parte de alguien. Estás buscando a gente que tenga una reputación de realizar un trabajo realmente duro.

Durante la entrevista hay un modo de comprobar lo duro que una persona está dispuesta a trabajar. Di: «Ocasionalmente tenemos que trabajar por las tardes y los fines de semana para completar trabajos importantes para nuestros clientes. ¿Qué te parece eso?».

Los mejores candidatos dirán inmediatamente: «Si consigo este trabajo, haré lo que haga falta para tener éxito». Si el candidato carraspea y vacila y comienza a hablar de que necesita tiempo para su vida personal o social, eso es todo lo que necesitas saber. Si se le contrata, esa persona no será particularmente productiva. Esta persona querrá vacaciones continuas a cuenta de la empresa.

La última letra de la fórmula LATA, la segunda *A*, es para «agradable». Contrata siempre a gente agradable. Contrata siempre a gente con la que disfrutes personalmente. No debería ser el único criterio para tomar una decisión, pero ocupa un lugar muy importante. Resulta que la gente agradable se lleva mejor con los demás, rinde mejor como parte de un equipo y es más agradable que tener a gente negativa o dubitativa alrededor.

La regla de tres

La regla de tres es una fórmula que he desarrollado con los años. Muchos altos ejecutivos dicen que revolucionó literalmente el proceso de contratación de su negocio. También aumenta la probabilidad de que tomes la decisión correcta en casi un 90% de las contrataciones.

La primera aplicación de la fórmula dice que deberías entrevistar al menos a tres candidatos para cualquier trabajo, y tal vez alguno más. Al entrevistar a tres candidatos, tienes la oportunidad de contrastar y comparar candidatos potenciales. Nunca contrates a la primera y única persona que entrevistes. Extiende una amplia red y entrevista a una variedad de personas para el trabajo para que puedas ver qué hay disponible en la piscina del talento.

La segunda aplicación es entrevistar al candidato que te gusta tres veces diferentes. Las entrevistas pueden establecerse para el día o la semana siguiente, o para hacerlas tres días seguidos. Ve despacio. Tómate tu tiempo. Una persona que tiene buena pinta en la primera entrevista puede parecerte corriente en la segunda y terrible en la tercera entrevista. Esto ocurre con increíble regularidad.

La tercera aplicación es entrevistar al candidato que te gusta en tres lugares diferentes. La primera entrevista puede ser en tu oficina, la segunda puede ser al otro lado del pasillo en una sala de reuniones y la tercera puede ser al otro lado de la calle en una cafetería.

Según muevas a la gente a diferentes ambientes, revelarán diferentes aspectos de su personalidad que no verías en tu oficina. Recuerda que los candidatos a tu trabajo nunca parecerán tan buenos como la primera vez que los entrevistaste. En la segunda entrevista y en la tercera, en la segunda localización y la tercera, el candidato inicialmente atractivo puede comenzar a parecerte cada vez peor. Así que reflexiona cuidadosamente y decide despacio (esto es lo que significa «pensamiento lento»).

Otras tres personas

La cuarta aplicación de esta fórmula de contratación es que el candidato sea entrevistado por, al menos, tres personas diferentes. Nunca descanses en tu propio juicio a la hora de seleccionar a una persona para un trabajo en tu compañía. Agradece siempre la implicación y las opiniones de otras personas antes de tomar una decisión.

Una vez entrevisté a un individuo para una posición como ejecutivo en mi compañía. Quedé bastante impresionado y estaba a punto de contratarlo cuando recordé mi propia regla. Así que lo saqué de mi oficina y le hice hablar con cada uno de los jugadores clave de mi equipo, de uno en uno, para que le hicieran preguntas y formaran su propia opinión.

Al final del día me vinieron como grupo y me dijeron que no contratase para nada a esa persona. Era totalmente inapropiada para nuestra compañía. Tenía fallos y debilidades que yo había sido incapaz de detectar, pero que ellos sí habían observado cuando conversaron con él. Dejé de considerar al candidato inmediatamente.

Los mejores ejecutivos de cada industria han desarrollado una reputación, con el tiempo, de seleccionar a las mejores personas para trabajar con y para ellos. Esta es una parte esencial a la hora de convertirte en un gerente excelente y de cumplir tu potencial en tu industria.

La clave es ir despacio. Hay mucho en juego.

DOCE

Despide a los incompetentes

EL TRABAJO MÁS ESTRESANTE de un gerente es despedir a un empleado. El segundo trabajo más estresante para un gerente es que él mismo sea despedido. Pero si no consigues algo de experiencia con el primer trabajo, vas a obtener bastante experiencia con el segundo.

Un gerente que contrata a una persona incompetente es un incompetente. Un gerente que mantiene a una persona incompetente en su puesto es aún más incompetente. Cuanto más mantengas a la persona equivocada en un trabajo, más incompetente parecerás ante todos los que te rodean. Les parecerás incompetente a tus superiores, a tus compañeros y a tus subordinados. Mantener a la persona equivocada en su puesto desmoraliza a los miembros del equipo. Ellos llegan a la conclusión de que si a un incompetente se le paga lo mismo que a ellos y recibe los mismos privilegios, ¿para qué intentar hacer un buen trabajo?

Por supuesto, todo el mundo sabe quién es competente y quién es incompetente. Lo saben muy rápido. En cualquier oficina cada miembro del equipo sabe el nivel de competencia de todos los demás. No hay sitio para huir o para esconderse.

No seas cruel

Lo más cruel que puedes hacerle a una persona, una vez has decidido en tu corazón que no va a seguir trabajando en tu negocio, es mantener a esa persona en su puesto. Lo más amable que puedes hacer por esos trabajadores incompetentes es liberarlos. Dejarlos marchar para que puedan encontrar un trabajo en el que tengan un futuro y haya más posibilidades.

¿Por qué tantos gerentes sacrifican sus propias carreras, y a menudo su salud mental, por evitar el duro trabajo de despedir a una persona incompetente? La respuesta es el autoengaño. El gerente piensa que le está haciendo un favor al incompetente al mantenerlo en nómina. A veces el gerente incluso piensa que la persona incompetente de repente va a cambiar, va a hacer un cambio de rumbo radical y se va a convertir en un miembro competente del equipo.

La razón real por la que el gerente no despide es la cobardía. No está siendo amable y compasivo. Está siendo cruel y despiadado. Está infligiendo daño a la otra persona al negarse a hacer lo correcto.

En entrevistas de seguimiento, todo un 70% de personas que fueron despedidas sabían que iba a pasar. Su única pregunta era por qué el gerente había tardado tanto en dejarlos marchar. Es difícil para alguien despedirse a sí mismo. Aunque esté en el trabajo equivocado y le disguste, lo esté haciendo mal y no se lleve bien con nadie, necesita que el gerente tenga el valor de sacarlo de su miseria.

Despide profesionalmente

¿Cómo despides a la persona que no es buena para el trabajo? Hay un proceso simple que tiene la garantía de que va a funcionar y te mantendrá lejos de juicios, en la mayoría de los casos.

Primero, tomas la decisión de dejar marchar a la persona en cierto momento de cierto día, y después te niegas a ceder. Te dices a ti mismo: «Voy a llamar a esta persona a las diez en punto del viernes y le voy a dejar ir».

Segundo, cuando haces entrar a la persona, cierras la puerta y te sientas. (Es incluso mejor ir a la oficina de la otra persona para que tú puedas levantarte y marcharte después.) Luego usas con cuidado estas palabras escogidas: «He pensado mucho en esta situación. He llegado a la conclusión de que este no es el trabajo adecuado para ti, y que no eres la persona adecuada para este trabajo. Y creo que serías más feliz haciendo otra cosa».

Una vez hayas comenzado el proceso de despido niégate en rotundo a discutir el rendimiento pasado del empleado o cualquier cosa que el individuo hubiera hecho o no en el trabajo. Es demasiado tarde para eso. El trabajo se ha acabado. La persona se ha ido.

Practica el disco rayado

Llegados a este punto, es bastante común que los empleados discutan contigo. A menudo esa persona se sentirá sorprendida, impactado, triste, con ganas de llorar, enfadada, ofendida y otra gran variedad de cosas. Recuerda que es una experiencia de mucho estrés para el empleado.

Pero sea lo que sea lo que diga el empleado, tú debes permanecer completamente calmado, como un buda de piedra. Asiente pacientemente y con respeto y espera a que el individuo pare de hablar y tome aliento. Entonces repite la declaración previa: «El hecho es que no es el trabajo adecuado para ti y tú no eres la persona adecuada para este trabajo, y creo que serías más feliz haciendo otra cosa».

En la formación en asertividad, a esto se le llama «disco rayado». Repites el mismo mensaje, con las mismas palabras, en un tono de voz calmado, una y otra vez hasta que la otra persona finalmente cede y acepta ser despedida.

Ten un plan

Después, en este punto, puedes explicarle lo que va a pasar en adelante. Si es un despido incómodo, desearás que la persona recoja sus cosas y se marche de la oficina inmediatamente. Es bueno que tengas a alguien preparado para sentarse con la persona mientras empaca, para vigilar y asegurarse de que no dañe nada.

La indemnización por despido es extremadamente emocional. Muchas personas no tienen ahorros. Cuando son despedidos de un trabajo su primera idea a menudo es entrar en pánico. Se preguntarán: «¿Cómo voy a comer o a pagar el alquiler?».

Prepárate. Prepara tu indemnización por adelantado. A menos que tengan un contrato por escrito, no hay necesidad legal de dar ninguna clase de indemnización. Pero lo tradicional es una semana de indemnización por cada año de servicio. Cualquier cosa por encima o por debajo de eso depende completamente de tu discreción y depende del modo en que la gente se comporta después de saber que han sido despedidos.

Lleva un testigo

Una cuestión final: si eres un hombre que está despidiendo a una mujer, sienta a otra mujer contigo en la reunión de despido. Si eres una mujer que despide a un hombre, sienta a un hombre contigo. Si tienes una mínima inquietud de que esa persona pueda culparte de acoso sexual, ten siempre un testigo del sexo opuesto en la sala contigo donde se vaya a realizar la entrevista de despido. De este modo puedes protegerte completamente contra la posibilidad de ser demandado.

Hay muchos otros consejos y técnicas que puedes usar para despedir eficazmente. Es una herramienta que debes aprender dentro de las de tu repertorio empresarial. Estas ideas básicas te ayudarán a limpiar tu equipo de gente incompetente que tal vez esté arrastrándote y refrenándote.

Recuerda estas palabras de sabiduría: «El mejor momento para despedir a una persona es la primera vez que se te pasa la idea por la cabeza».

TRECE

Mantén reuniones eficaces

FÁCILMENTE ENTRE 25% y 50% del tiempo de gerencia se pasa en reuniones. Las reuniones son una parte inevitable y necesaria de la vida de una organización. No se pueden evitar, así que deberían hacerse más eficaces.

Las tres clases de reunión más comunes que tendrás son 1) reuniones para compartir información; 2) reuniones para resolver problemas; y 3) reuniones para anunciar nuevos productos, servicios o personas.

Pregunta siempre en primer lugar por qué estás teniendo esta reunión. La claridad es esencial. Si es posible evitar tener una reunión, entonces no la tengas. Las reuniones pueden ser las mayores pérdidas de tiempo a menos que se usen apropiadamente.

Las reuniones son caras. Un buen modo de determinar el costo de una reunión es multiplicar el salario de una hora de la gente que estará en la reunión y llegar al costo total de sacar a esas personas de su jornada laboral.

En muchos casos una reunión le estará costando a una compañía cientos e incluso miles de dólares. Si alguien viene pidiéndote esa cantidad de dinero en efectivo para un gasto de cualquier clase, probablemente serías muy cuidadoso a la hora de revisar el gasto y aprobar la cantidad.

Trata las reuniones del mismo modo.

Prepara un orden del día

Si debes tener una reunión, escribe siempre un orden del día. Al escribirlo descubrirás que gran parte de los temas solo afectan a una persona, a quien puedes telefonear o escribir un correo electrónico rápidamente.

Cuando escribes el orden del día para una reunión usa la regla del 80/20. El 20% de los temas que se van a tratar contarán para el 80% del valor. Asegúrate de que la mayoría de los temas importantes se discuten primero, solo por si te quedas corto de tiempo.

Para celebrar reuniones eficaces empieza y termina siempre a la hora. La ley de Parkinson dice que «el trabajo tiende a expandirse para rellenar el tiempo preparado para él». La inversa de esta ley es «el trabajo se contrae para ajustarse al tiempo preparado para él».

Si no tienes una hora de finalización clara, la conversación dará vueltas y la reunión puede continuar sin fin, con pocos resultados. Sin embargo, te sorprenderá felizmente ver cuántos temas puedes cubrir cuando tienes una hora de terminar firme.

Sé puntual

Si dices que vas a comenzar la reunión a las diez de la mañana, sé puntual a esa hora. Deja claro a la gente que si no están en la sala se van a perder la reunión. Algunos ejecutivos cierran la puerta de la sala de reuniones a la hora de comienzo prescrita para que nadie más pueda entrar.

Una buena regla es asumir que los que llegan tarde no van a llegar en absoluto, y simplemente comenzar la reunión sin ellos. Aunque el que llega tarde sea tu jefe, toma la responsabilidad de la reunión y comienza.

Invita solo a gente cuya presencia sea esencial para el tema de la reunión. A veces cometemos el error de invitar a personas para que se sientan incluidas en el trabajo de equipo. Esto ya no es necesario. La gente está tan ocupada que siempre apreciará si les excusas de asistir a una reunión a la que no pueden hacer una contribución valiosa.

Déjalos marchar

Permite a la gente que deje la reunión cuando ya no sea necesaria. A veces solo un tema del orden del día es relevante para una persona en particular. Si ese es el caso, atiende esa cuestión inmediatamente si puedes y después deja que la persona se vaya y regrese al trabajo. Este es un buen uso del tiempo de cualquiera.

Cuando discutas y trates con cada asunto del orden del día, llega a una conclusión. Toma una decisión de acción. Asigna una responsabilidad laboral con una fecha de entrega. Cierra cada punto antes de pasar al siguiente.

A lo largo de los años he estado en incontables reuniones donde se han mantenido discusiones y se han tomado decisiones. Dos semanas más tarde regresábamos a otra reunión y no se había hecho nada. ¿Por qué no? Era porque no se había alcanzado una resolución y no se había planeado una acción. A nadie se le había asignado la responsabilidad específica y con fecha limitada de entrar en acción en una tarea en particular.

Oriéntate a la acción

Mi pregunta favorita siempre es: «¿Qué vamos a hacer ahora?». Una vez todos los reunidos han discutido un tema, otra persona o tú pueden preguntar: «¿Qué vamos a hacer ahora?». Incluso puedes escribir esa pregunta en la pizarra para que todos vean que no se va a pasar de ese punto hasta que se tome alguna resolución y se acuerde algún compromiso de acción.

Al final de la reunión resume los resultados. Repite quién va a hacer qué, y para cuándo, y cómo se medirá la finalización de la tarea, y después agradece a todos su asistencia. Cuanto más breves, concisas y eficaces hagas tus reuniones, más gente dispuesta asistirá y realizará sus contribuciones más valiosas.

Cuando realizo las reuniones de equipo semanales, el orden del día consiste en el nombre de cada una de las personas que asisten. Damos una vuelta a la mesa y hacemos que la gente informe de lo que están haciendo, los desafíos que están enfrentando y qué planes tienen para la semana entrante. Cuando una persona comparte, los demás están invitados a hacer preguntas para aclarar. Al final de la reunión no solo hay un nivel alto de cooperación y un espíritu positivo, sino que todos saben lo que están haciendo los demás.

No domines

Es bastante común que el líder de la reunión o el alto ejecutivo domine la discusión. Un buen modo de prevenir que eso ocurra es asignar la dirección de la reunión a uno de los miembros del equipo, alternando esta función cada semana. Te sorprenderá lo inteligentes y bien preparados que estarán los demás cuando les digas que van a estar al cargo de la reunión.

Después, en vez de dominar la conversación, simplemente participa como cualquier otro. Te sorprenderá la diferencia. Recuerda que tu capacidad para llevar a cabo reuniones eficaces es una habilidad ejecutiva importantísima. Las reuniones pueden consumir una enorme cantidad de tiempo de gestión, así que tienes el deber para ti mismo y para tu empresa de ser absolutamente excelente y de extraer el mayor valor de cada minuto pasado en una reunión.

CATORCE

Fomenta el espíritu de equipo

CONSTRUIR UN EQUIPO es una habilidad esencial de los gerentes eficaces. La capacidad para reunir y trabajar con un equipo eficaz es un requerimiento clave para la promoción y también una de las cualidades principales que las compañías prefieren cuando buscan gerentes de alto potencial. Tu capacidad para crear un equipo de alto rendimiento es absolutamente esencial en tu éxito.

La Stanford Graduate School of Business hizo un proyecto de estudio de treinta años acerca de las cualidades necesarias para convertirse en un alto ejecutivo de una gran corporación. Las investigaciones descubrieron que todos los altos ejecutivos de las compañías de Fortune 500 parecían tener dos grandes cualidades en común.

La primera era la capacidad de funcionar bien en una crisis. «Cuando las cosas se ponen duras, los duros se ponen en marcha». Este talento, demostrado en las primeras etapas de sus carreras, les permitía recuperarse de problemas y reveses, lidiar con ellos eficazmente y presionar para conseguir los objetivos de la compañía.

Sé un jugador en equipo

La segunda cualidad que tenían en común los mayores ejecutivos es la capacidad de formar y trabajar como parte de un equipo. Cuando comenzaron sus carreras eran excelentes jugadores en equipo. Se ofrecían voluntarios para cada tarea. Avanzaron rápidamente hacia el 20% de los miembros del equipo que hacían el 80% del trabajo.

Como resultado, se les ascendió y se les puso al frente de la supervisión de personas, que se convertían en parte de su equipo. Al conseguir más resultados trabajando eficazmente con los miembros de su equipo, se les dieron más y más miembros con los que trabajar. Más adelante en sus carreras, como altos ejecutivos de corporaciones de Fortune 500, se encontraron con miles de personas trabajando para ellos en diferentes competencias.

Pero también descubrieron otra cosa en este estudio: la capacidad para funcionar bien en una crisis no se puede enseñar en un aula. Tiene que venir de dentro del individuo. Pero la capacidad para ser un excelente jugador en equipo, y de formar equipos que consigan grandes resultados para la compañía, es una habilidad que se puede aprender.

Una habilidad enseñable

Te conviertes en un excelente líder de equipo y fomentas el espíritu de equipo al hacer varias cosas en secuencia.

Primero, deja muy claro quién eres y lo que quieres. Determina tus fuerzas y tus debilidades. Establece objetivos y metas claros para ti mismo y tu carrera, y después deja claro las metas y objetivos para tu área de responsabilidad.

Segundo, tómate el tiempo necesario para decirle a la gente lo que ellos, colectivamente, como equipo, están haciendo y por qué. Especialmente define los objetivos y la misión de equipo en términos de cómo el trabajo ayuda y mejora las vidas de otras personas. Haz de ello un concepto inspirador de tal modo que la gente quiera ser miembro del equipo que está llevando a cabo ese resultado.

Conocí al presidente de Walmart justo después de que él diera un discurso en la convención anual de la compañía en Saint Louis, a la que asistieron 25,000 gerentes y empleados de Walmart. Él sabía realmente cuáles eran sus valores, su visión, su misión y propósito. Esto fue lo que dijo: «Aquí en Walmart sabemos exactamente lo que estamos haciendo. Nuestro objetivo es proporcionar la mejor selección de productos y servicios al precio más bajo posible a nuestros clientes para que ellos tengan más dinero para gastar en sus familias y sus hijos».

Toda la sala se puso en pie y le ofreció una ovación. Su pasión por ayudar a mejorar las vidas de sus clientes y sus familias es la fuerza motriz de toda la organización.

Habla y comparte ideas

Hay una relación directa entre la comunicación y el espíritu de equipo. Mantén reuniones eficaces con tu personal cada semana para compartir ideas y averiguar lo que cada uno está haciendo.

Todas las compañías exitosas con las que he trabajado han buscado continuamente razones para juntar a su gente de un modo que fomentase el espíritu, la motivación y la dedicación a la organización. El banco Wells Fargo, por ejemplo, es famoso por animar a cada sucursal a seleccionar una obra benéfica a la que todo el mundo contribuya y apoye, aunque sea de forma pequeña. Esta idea ha tenido tanto éxito en la cimentación de altos niveles de espíritu de equipo en cada sucursal que Wells Fargo ahora dedica más de cien personas a tiempo completo en la sede central a apoyar esta iniciativa.

Celebra eventos importantes

Celebra cumpleaños, éxitos y victorias con premios y reconocimientos. Haz que la gente se sienta importante. Cuando se alaba y se celebra a las personas, se sienten estupendamente consigo mismas y con otros miembros del equipo.

Incita un clima de armonía. Mi amigo Ken Blanchard, con una organización de 172 personas, se llama a sí mismo «director espiritual». Dice que su trabajo es asegurarse de que hay un nivel alto de armonía y felicidad entre los miembros de su personal. Esta es una de las cosas más importantes que puedes hacer como líder de equipo.

En nuestra compañía les decimos a los empleados que queremos que sean felices en sus trabajos. Yo digo: «Si tienes cualquier problema o preocupación, por favor, acude a mí o a algún otro ejecutivo e intentaremos resolverte el problema». Pero si encontramos a una persona negativa o infeliz durante un gran periodo de tiempo, y a la que no se puede satisfacer, animamos a esa persona a que se marche y trabaje en otro sitio. Una persona infeliz o negativa en un entorno de trabajo puede envenenar la actitud de mucha gente.

Mantén a la gente informada

Mantén a la gente informada de todo lo que esté pasando en la compañía que afecte a su trabajo. Háblales de cómo la economía cambiante puede afectar sus ventas y sus trabajos. Diles cómo los cambios de equipo y personal afectarán sus trabajos y actividades. Cuanto más sepa la gente de lo qué está ocurriendo en su entorno de trabajo, más positivos y dedicados trabajarán como miembros de un equipo.

Tres niveles de desarrollo

Existen tres niveles de desarrollo por los que pasa la gente en su vida laboral. El primero es la *dependencia*, donde dependen de que otras personas les digan qué hacer y les proporcionen un lugar de trabajo, un sueldo y beneficios.

El segundo nivel, más elevado, es la *independencia*. Aquí el individuo se siente competente en su capacidad para realizar su trabajo y ser reconocido por ello.

El tercer nivel de desarrollo es la *interdependencia.* Es el nivel más elevado de todos. Aquí cada persona trabaja en cooperación con los demás para conseguir un trabajo que sería imposible que lo hiciera una sola persona por su cuenta.

Un modo de animar la independencia, que es una cualidad positiva, es establecer recompensas por logros independientes (concretamente, por resultados individuales).

El modo que tienes de fomentar la interdependencia es estableciendo recompensas para el grupo, o recompensas que se dividan entre los individuos de un equipo sobre alguna base. Las recompensas pueden ser reparto de beneficios, bonos e incluso celebraciones como fiestas, vacaciones, salidas de la compañía, como ejemplos. Cuanto más juntes a los miembros de tu equipo para que discutan y trabajen juntos en un espíritu de armonía, más positivos y motivados se sentirán, y más comprometidos estarán con tu compañía y con la consecución de tus objetivos.

QUINCE

Toma buenas decisiones

LA RESOLUCIÓN ES una cualidad clave de los gerentes eficaces. No es posible ningún ascenso o avance hasta que una persona desarrolla la capacidad de resolver problemas y tomar buenas decisiones.

En ocasiones les digo a los gerentes que están entre mi audiencia que tengo una memoria extraordinaria. He aprendido a memorizar el título laboral de cada una de las personas de la sala. Como tal vez haya varios cientos de personas presentes, todo el mundo me mira con escepticismo mientras yo continúo explicando lo que quiero decir. «No importa qué título o posición esté inscrita en su tarjeta comercial», les digo, «la verdadera descripción de su trabajo es solucionador de problemas».

Desde que empiezas a trabajar por la mañana hasta la hora en que te vas a casa por la noche, estás resolviendo problemas, grandes y pequeños, uno detrás de otro, sin parar. Si no hubiera problemas para que tú los resolvieras, tu trabajo podría ser reemplazado por una máquina o por un empleado de menor categoría.

Oriéntate hacia la solución

La gente corriente piensa continuamente en los problemas que están enfrentando y a quién culpar por esos problemas. La gente que está en lo alto piensa constantemente en las soluciones de los problemas que tienen y qué acciones se pueden tomar de inmediato para seguir adelante. La clave es hacer crecer tu habilidad de solucionador de problemas.

Siempre que experimentes frustración, resistencia o una adversidad de cualquier clase, comienza preguntándote: «¿Cuál es exactamente el problema?».

Define el problema de tantas maneras diferentes como sea posible. Puedes incluso contemplar esta pregunta: «¿Realmente es un problema? ¿Esta situación podría ser un beneficio o una ventaja? ¿Podría ser una bendición disfrazada?». A veces el problema con el que estás lidiando no es el problema real en absoluto.

Ten cuidado con un problema para el cual solo hay una definición. Cuantas más maneras tengas de definir un problema, más flexible se volverá a una solución y a una decisión que realmente tenga resultados.

Una vez hayas definido el problema, pregúntate: «¿Cuáles son todas las soluciones posibles?». Ten cuidado con un problema para el que solo exista una solución. Cuantas más soluciones consideres, más probable será que des con la solución ideal que tendrá los mejores resultados.

Toma una decisión

Finalmente, toma una decisión. Decide exactamente qué vas a hacer para resolver el problema, superar el obstáculo o conseguir el objetivo.

Una vez tomada tu decisión, asígnale una responsabilidad específica para esa decisión a alguien de tu personal o a otra persona que no seas tú. Establece una fecha límite. Una decisión sin una fecha límite es simplemente una conversación sin una resolución.

En un capítulo anterior hablaba de las observaciones de Daniel Kahneman sobre la diferencia entre el pensamiento rápido y el pensamiento lento. Hasta un 80% de las decisiones en el trabajo se pueden tomar con un pensamiento rápido. Probablemente tendrás casi todos los hechos e información que necesitas. La toma de decisiones requiere una elección entre un curso de acción u otro. Tú eliges un curso de acción y te pones en marcha. Normalmente cualquier acción es mejor que ninguna en absoluto.

Usa el pensamiento lento

Solo el 20% de las decisiones requieren pensamiento lento. En casos donde las consecuencias potenciales de una mala decisión puedan ser significativas, necesitas reducir la marcha, reunir más información y tomarte tu tiempo.

La norma es que si no es necesario decidir, es necesario no decidir: al menos por el momento. Investigaciones recientes demuestran que cuanto más tiempo interpongas entre la fase de reunión de información y la fase de decisión, mucho más global será tu decisión. Retrasa siempre tomar una decisión importante, de cualquier clase, tanto como puedas. Tu decisión, al final, siempre será superior a una tomada sin suficiente pensamiento lento.

Una vez hayas tomado una decisión, asigna una responsabilidad, establece una fecha límite y haz un seguimiento. Estás en marcha. Este es tu trabajo. Te pagan para eso, para tomar decisiones.

Reduce tus pérdidas

Una última cosa con respecto a la resolución de problemas y la toma de decisiones: en cada caso tú tomas las mejores decisiones que puedes con lo que sabes en ese momento. Si recibes nueva información que cambia la situación, prepárate para reducir tus pérdidas y tomar una nueva decisión.

Hay un proverbio turco que dice: «No importa cuánto tiempo lleves caminando por el camino equivocado, da la vuelta».

Cuando practiques estos principios te harás mejor solucionando problemas y tomando decisiones. Como dijo Henry Kissinger: «La única recompensa que obtienes por resolver problemas son problemas más grandes a resolver».

La gente con más éxito, aquellos a los que más se les paga y que ascienden con más rapidez a las posiciones más altas de la organización, son aquellos que han desarrollado una capacidad probada para resolver cada problema con el que se han encontrado en su nivel, y los han usado como piedras de apoyo para cosas aún mayores. Y tú puedes hacer lo mismo.

DIECISÉIS

Aparta obstáculos para el rendimiento

ENTRE TÚ y todo lo que quieres conseguir en tu negocio o tu vida personal siempre habrá obstáculos que superar y barricadas que tendrás que saltar o sortear. Tu capacidad para lidiar con los obstáculos inevitables hacia el éxito en la vida es una virtud que se puede aprender. Esta capacidad puede hacer más para ayudarte a conseguir tus objetivos que quizá cualquier otra.

En los programas de establecimiento de objetivos siempre hago la pregunta: «Una vez has determinado tu objetivo, ¿qué obstáculos hay entre tú y tu objetivo en este momento?».

Otro modo de exponer esta pregunta es: «¿Por qué no has conseguido ya tu objetivo? ¿Qué te está refrenando?».

A menudo la gente confunde un objetivo con una actividad. Dicen: «Tengo una lista de objetivos para cada día». Pero eso no es una lista de objetivos; es una «lista de tareas». Un objetivo es algo mayor, algo que requiere superar dificultades y solucionar problemas. Un objetivo es algo que requiere valor, persistencia y determinación para poder conseguirlo. No es simplemente una actividad o algo «que hacer».

Determina tus objetivos

Comienza determinando los objetivos más importantes en tu trabajo. ¿Por qué recibes una nómina? ¿Para conseguir qué objetivos se te contrató? De todos los que puedes conseguir, ¿qué objetivos son los más importantes a la hora de determinar tu valor y tu contribución?

Entonces te preguntas: «¿Por qué no estoy ya en este objetivo? ¿Qué me está reteniendo?».

El principio de las restricciones

Eliyahu Goldratt, un consultor de gestión, fue el primero en escribir sobre el principio de las restricciones en su libro *La meta*, y tal vez sea uno de los mayores avances en gerencia. Su idea es simple y puede ser revolucionaria para ti.

Goldratt dijo que entre cualquier cosa que seas y cualquier cosa que quieras ser, hay un camino que tienes que seguir. Pero a lo largo de este recorrido hay un cuello de botella o restricción que determina lo rápido que conseguirás tu objetivo.

La cuestión clave es: «¿Qué factor único determina la velocidad a la que consigo este objetivo en particular?».

Cuando trabajamos con organizaciones de ventas descubrimos que el objetivo número uno de casi todas ellas son unas ventas altas. Entonces definimos el problema o la restricción diciendo: «Nuestras ventas no son lo suficientemente altas».

¿Pero qué más es el problema? Hemos descubierto que hay al menos veintiuna razones diferentes de por qué las ventas de una compañía no son suficientemente altas. Y en la mayoría de los casos las compañías trabajan afanosamente para solventar el problema equivocado. No están lidiando en absoluto con la verdadera restricción o cuello de botella.

La regla del 80/20 revisitada

Con respecto a las restricciones, o los factores que te están retrasando en la consecución de tus objetivos, hemos descubierto que se aplica la regla del 80/20. En este caso descubrimos que el 80% de las razones por las que no estás teniendo éxito a la hora de conseguir un objetivo en particular están dentro de ti mismo o de tu negocio. Solo el 20% de las restricciones están en el exterior, contenidas en el mercado, la competencia u otros factores.

Así pues, el punto de partida para identificar y aliviar tus restricciones es hacerte la pregunta: «¿Qué hay *en mí* que me está reteniendo?».

Cuando comienzas a buscar dentro de ti mismo o de tu negocio las razones, a menudo encontrarás exactamente por qué no estás consiguiendo los objetivos que te habías establecido.

Identifica las restricciones individuales

Como gerente, uno de tus trabajos más importantes es ayudar a tus empleados a identificar la restricción clave que les está reteniendo a la hora de conseguir sus resultados más importantes. Ya sea que la restricción se trate de la falta de instrucción, recursos, instalaciones, dinero, tiempo u otra cosa, siempre que sea posible es tu trabajo como gerente ayudar a los empleados a apartar ese obstáculo o restricción para que puedan rendir al máximo.

Una vez la hayas definido, centra todo tu tiempo y atención en aliviar esa restricción clave o factor limitador del éxito. Concentra toda tu atención en ese único elemento, esa única restricción, y excluye cualquier otra actividad. Una vez hayas atenuado o apartado tu mayor restricción u obstáculo, comenzarás a hacer más progresos, más rápido que en cualquier otra actividad en la que estés implicado.

DIECISIETE

Conviértete en un modelo a seguir

UNA DE LAS contribuciones más importantes que puedes hacer a tu negocio es convertirte en un modelo a seguir para tu personal. Deberías procurar convertirte en la clase de persona a la que la gente le gusta mirar, admirar y parecerse.

Los gerentes excelentes saben que están siendo observados constantemente por su personal y que su conducta establece los estándares para toda la unidad de trabajo. Recuerda que tu gente trabajará del modo en que tú lo hagas. Si quieres que la gente llegue pronto por la mañana, llega tú pronto. Si quieres que sean puntuales, ten el hábito de ser puntual tú. Si quieres que ellos establezcan prioridades en sus tareas, tú deberías establecer prioridades en las tuyas. Si quieres que ellos usen bien su tiempo, tú deberías hacerlo con el tuyo.

Establece los estándares

Tu organización o departamento finalmente adquirirá las actitudes, valores, opiniones, conductas y hábitos que tú demuestres. Ralph Waldo Emerson dijo: «Cualquier organización no es más que la sombra alargada de un solo hombre». No puedes esperar que la gente de tu organización sea muy diferente o mucho mejor de lo que tú eres.

Una de las grandes preguntas que hacer es: «¿Qué clase de compañía sería si todo el mundo fuera igual que yo?».

Cuando te formulas y te respondes esta pregunta una y otra vez, siempre verás áreas en las que podrías mejorar y convertirte tanto en un mejor gerente como en una mejor persona.

Te toca a ti establecer estándares más elevados para ti mismo, y después continuar elevando el listón.

La soledad del mando

Cuando eres un miembro del personal puedes «andar holgazaneando». Puedes hablar con los compañeros, quejarte de la compañía o de otras personas, tomarte largos almuerzos, llegar tarde y marcharte temprano.

Pero cuando te conviertes en gerente, en líder, todo cambia. Ya no eres parte de la banda. Tu lealtad primordial ya no se la debes a tus compañeros de trabajo, sino a tus superiores. Se espera de ti que establezcas los estándares para todo aquel que te rinda cuentas.

Aquí tienes un ejercicio: haz un lista de los hábitos y conductas en el trabajo del empleado ideal. Si todos tus empleados fueran perfectos, ¿cómo trabajarían, caminarían, hablarían e interactuarían entre sí?

Después haz una lista de todas esas conductas que tú podrías realizar *personalmente*, con la intención de establecer un ejemplo para las conductas que más quieres ver en los demás. Revisa estas conductas regularmente y buscar cualquier oportunidad para practicarlas cuando interactúes con los demás.

Predica con el ejemplo

Por ejemplo, si quieres que tus empleados se traten entre sí con afecto, cortesía y consideración, entonces deberías proponerte practicar esas tres mismas cualidades en cada interacción con cada miembro del personal. Actúa como si todo el mundo estuviera mirando, porque todos lo están haciendo.

Nunca digas nada de un miembro del equipo que no querrías que se le dijera a esa persona (y a todos los demás de tu departamento) al cabo de pocos minutos. No hay secretos en un entorno de trabajo. Todo el mundo lo sabe todo, y mucho más rápido de lo que te gustaría.

Si quieres que la gente tenga buenos hábitos labora-les, establece unos hábitos buenos para ti. Si quieres que la gente esté totalmente preparada para las reuniones, ve a cada reunión totalmente preparado. Imagina que eres un profesor y que, en su tareas diarias, todos tus «estudiantes» van a hacer finalmente exactamente lo que tú haces.

Convertirte en un modelo a seguir que todo el mundo admire y respete es una de las contribuciones más impor-tantes que puedes realizar en tu negocio. Te toca a ti establecer estándares altos a los que todo el mundo quiera aspirar.

DIECIOCHO

Haz lluvias de ideas para las soluciones

LA CREATIVIDAD Y la innovación son absolutamente esenciales para la supervivencia de cualquier organización en cualquier negocio actual. Una de tus responsabilidades es alentar a cada empleado para que funcione al nivel más alto de creatividad posible para esa persona. Una idea de una persona que ha sido alentada a pensar creativamente a menudo puede suponerle o ahorrarle a la compañía miles de dólares e incluso cientos de horas de trabajo. Pero tú nunca sabes qué aspecto tendrá esa idea única, así que tienes que alentar un gran número de ideas. Parece que existe una relación directa entre la cantidad de ideas generadas y la calidad de esas ideas.

Tal vez el modo más poderoso de estimular la creatividad de los miembros de tu equipo sea la práctica regular de la lluvia de ideas. El concepto de lluvia de ideas fue desarrollado por el publicista Alex Osborn en 1946. Desde entonces ha recorrido todo el mundo y ha sido utilizado por los individuos y organizaciones más exitosos de cada campo.

Así es como funciona: primero, decide reunir a tu gente una vez a la semana, o con más frecuencia, para hacer lluvias de ideas sobre los problemas que enfrenta la compañía, como incrementar las ventas, recortar costos, potenciar los ingresos, reducir gastos y mejorar la productividad. No hay límites a los problemas que se pueden poner sobre la mesa durante una sesión de lluvia de ideas.

Segundo, crea un grupo de lluvia de ideas. El tamaño de grupo ideal es de cuatro a siete personas. Si tienes menos de cuatro no llegarán suficientes ideas. Si tienes más de siete personas en el grupo muchos no tendrán la oportunidad de contribuir totalmente.

Tercero, establece un límite de tiempo. La longitud ideal para una sesión de lluvia de ideas es de quince a cuarenta y cinco minutos. Es una buena idea usar un cronómetro o un reloj y comenzar una sesión de lluvia de ideas igual que comenzarías una carrera; después corta la sesión radicalmente en el momento acordado. Ser conscientes de que hay una hora fijada para empezar y terminar dispara los mayores niveles de creatividad y una mayor efusión de ideas.

Cuarto, define el problema o el objetivo con claridad. Escríbelo en una pizarra, en un rotafolio o en un trozo de papel para que todos puedan verlo, leerlo, y esté completamente clara la cuestión o problema sobre el que están trabajando. Si fuera necesario, discutan de antemano acerca de lo que entiendan que es el problema a resolver y también acuerden una definición de ese problema u obstáculo antes de comenzar a generar ideas o soluciones.

Quinto, plantea una pregunta específica en busca de respuestas concretas. Por ejemplo: ¿cómo podemos incrementar nuestras ventas más de un 20% en los próximos noventa días? ¿Cómo podemos reducir nuestros costos en esta área en un 20% en los próximos noventa días? Las mejores preguntas demandan ideas prácticas. Fuerzan a cada persona a pensar en términos concretos y a generar soluciones factibles que puedan implementarse inmediatamente.

Sexto, acuerden que todos suspenderán el juicio durante la sesión. Nadie hará comentarios ni positivos ni negativos de las ideas, ni se discutirán o evaluarán hasta después de la sesión. Al acordar suspender el juicio animas las respuestas ridículas, la risa y los enfoques poco ortodoxos para resolver el problema.

Una revelación en la lluvia de ideas

En los primeros días de la exploración espacial y el programa lunar en los años cincuenta y sesenta, el dilema al que se enfrentaban los científicos de la NASA era el peso. ¿Cómo podían enviar un cohete a la Luna, hacer que alunizase, que después despegase de la Luna y regresase a la Tierra? El problema era que si el cohete tenía suficiente combustible para vencer la gravedad de la Tierra y alunizar en la Luna, no tendría suficiente para vencer la gravedad de la Luna y regresar a la Tierra.

Como resultado de la lluvia de ideas, dieron con una que transformó los siguientes cincuenta años de viajes espaciales. Dijeron: «¿Por qué tendríamos que hacer alunizar el cohete entero en la Luna? ¿Y si solo lanzamos un "módulo lunar" desde una nave mayor que pudiera continuar en órbita alrededor de la Luna, y después el módulo lunar más pequeño podría despegar y reunirse con la nave mayor para regresar a la Tierra?».

En retrospectiva, esto suena como una idea simple, pero fue una de las mayores revelaciones científicas de la historia moderna. Y fue el resultado de generar idea tras idea y «pensar fuera de los moldes» para encontrar modos diferentes de resolver un dilema mayor.

Organícense

En cada sesión de lluvia de ideas necesitan tanto un líder como alguien que registre. El líder es la persona que anima a todos a contribuir con sus ideas. El líder hace que la sesión de lluvia de ideas avance al trasladarse de persona a persona. A nadie se le permite dominar la conversación.

El que registra es la persona que escribe las ideas que se generan. Una vez se haya completado la sesión de lluvia de ideas, se le entregan las ideas escritas al gerente para que las evalúe más adelante.

Cuando diriges una sesión de lluvia de ideas en horas de trabajo, le muestras a la gente que su capacidad de pensamiento y creatividad es tanto necesaria como respetada en la compañía. Cuando le pides a la gente que piense con creatividad, te asombrarán con las ideas que propongan. Te sorprenderá lo creativa que puede ser una persona corriente cuando se le da la oportunidad y se le pide que contribuya.

Después de la sesión de lluvia de ideas la gente te vendrá continuamente con nuevas ideas que simplemente les vendrán a la cabeza mientras están trabajando. Cuando conviertas en un hábito la estimulación de la creatividad de los miembros de tu equipo, comenzarán a pensar creativamente todo el día. Y a veces una buena idea puede cambiar el futuro entero de tu negocio.

DIECINUEVE

Negocia como un profesional

TODOS LOS BUENOS gerentes son excelentes negociadores. Normalmente el gerente se ve implicado en un proceso continuo de negociar intereses y visiones en conflicto. Toda la vida laboral se resume en que «sobre gustos no hay nada escrito».

Cuando negocias por tu cuenta, o en nombre de tu compañía, puedes seguir un proceso para asegurarte de que consigues el mejor trato para ti y para tu negocio.

Sigue un proceso

Primero, antes de ir a negociar, tómate un tiempo para pensar en la que sería la solución ideal para ti si la negociación fuera a la perfección.

Una persona que ha pensado en los factores o decisiones involucradas ha desarrollado alternativas y tiene una idea clara de lo que se debería conseguir idealmente, tiene una tremenda ventaja sobre otra persona que llegue a la negociación sin habérselo pensado mucho. Al menos el 80% del éxito de una negociación es la preparación.

No existe tal cosa como «un exceso de preparación» cuando te adentras en una negociación importante que implique un montón de dinero o que tenga enormes consecuencias potenciales para tu compañía. Tómate el tiempo de pensar sobre el papel y escribe exactamente lo que quieres, punto por punto, antes de encontrarte con la otra parte.

Prepara el otro lado primero

Una vez tengas claro el resultado ideal deseado, usa «el método de preparación del abogado». Haz una lista de todo lo que piensas que la otra parte querrá conseguir en esta negociación. Igual que a los abogados se les enseña a preparar el caso de su opositor antes de prepararse el suyo, haz tú lo mismo al prepararte para la negociación. Ponte en sus zapatos y piensa en sus posiciones o demandas con antelación.

Haz que sea fácil trabajar contigo

Decide ser un excelente compañero de negociación. Los mejores negociadores son cálidos, amistosos, calmados, corteses y solícitos. Tratan a sus homólogos de negociación con respeto y educación. Se esfuerzan por hacer sentir cómoda a la otra parte ofreciéndoles una taza de café o un vaso de agua y posicionándose como amigos en la negociación.

Uno de los factores más poderosos para asegurarte de que consigues el mejor trato posible en una negociación es la «agradabilidad». Cuanto más le gustes a la otra persona, más abierta estará a ser influida por ti, incluso hasta el punto de hacer concesiones para hacerte feliz con el resultado de la negociación.

Olvida todo lo que has leído o escuchado sobre negociación agresiva. Solo funciona en las películas. Si intentas dificultar o exigir en una negociación hay muchas posibilidades de que la otra parte simplemente dé por terminada la discusión o se marche. Si alguien está siendo difícil contigo en una negociación, decide permanecer relajado y alegre y esperar a que la persona se tranquilice.

Procura una solución en la que todos ganen

El resultado ideal para una negociación es uno en donde todos ganen. Es donde ambas partes sienten que han llegado a un buen trato en la negociación. Ambas partes sienten que han ganado de algún modo. Ninguna se va insatisfecha o infeliz con el resultado de la negociación.

Recuerda, el propósito de una negociación empresarial es llegar a un acuerdo en el que ambas partes estén suficientemente felices con el resultado como para llevar a cabo los compromisos que han negociado y están abiertos a negociar con la misma parte de nuevo en el futuro.

Piensa a largo plazo

Personalmente, tengo relaciones comerciales que han implicado negociaciones que se remontan a más de veinticinco años. Puesto que siempre he estado preparado y he sido justo —buscando un resultado donde todas las partes ganasen—, con los años he sido capaz de tener negociaciones valoradas en millones de dólares con las mismas partes, y sigo haciendo negocios con ellos sin tensión ni estrés. Esta también debería ser tu intención.

Cuando comienzas a negociar, lo primero que debes hacer es averiguar exactamente qué quiere la otra persona y en qué orden de importancia. Tú entonces le dices a la otra persona qué quieres en tu orden de importancia.

La ley de los cuatro

Recuerda la ley de los cuatro en negociación. Esta ley establece que, en cualquier negociación, normalmente hay cuatro temas principales a resolver. Hay uno mayor y tres menores. La razón de que pueda proceder una negociación es que el tema mayor es diferente para cada una de las partes. Cada parte coloca un énfasis mayor en uno de los términos o condiciones y un menor énfasis en los otros tres, y son diferentes para cada parte.

Prepárate para renegociar

Negociar términos y condiciones con consecuencias potenciales a largo plazo es otra área que requiere «pensamiento lento» si quieres llegar al mejor trato. Recuerda, también, que ninguna negociación es definitiva. Si basándote en nuevas informaciones o en un cambio de circunstancias descubres que has hecho un mal trato (o, del mismo modo, si la otra parte descubre que ha hecho un mal trato), prepárate para reabrir la negociación y ajustar los términos y las condiciones para que ambas partes sigan estando felices con el acuerdo. Cuando ambas partes estén felices con el acuerdo, y sigan estándolo, ambas trabajarán para convertir la negociación en un éxito y entablarán negociaciones exitosas más adelante.

VEINTE

Comunícate con claridad

OCHENTA Y CINCO POR CIENTO del éxito gerencial forma parte de la capacidad del gerente para comunicarse eficazmente con los demás. Casi todos los problemas en todas las relaciones, incluyendo las comerciales y las personales, son problemas de comunicación.

Probablemente hayas tenido la experiencia de escuchar a una persona hablar de un producto, servicio, problema o curso de acción y después seguir sin tener ni idea de lo que ha estado diciendo. Por eso la claridad es tan importante en la comunicación. Debes tener perfectamente claro lo que quieres decir, y después ser claro en el modo en que lo dices o lo comunicas a otra persona.

El proceso de comunicar

En una comunicación hay un proceso que se lleva a cabo. Para comenzar, tú tienes un pensamiento que después traduces en palabras y dices a la otra persona. La otra persona escucha las palabras, traduce lo que quieres decir y te contesta. Las palabras son sonidos que van por el aire, como las ondas de radio, y golpean tu cerebro, donde tú las absorbes, traduces su significado y luego respondes.

En este proceso de comunicación hay muchas oportunidades de malinterpretación. Podrías usar una palabra que provocase una reacción diferente de la que tú esperabas. Podrías usar una palabra que significara algo diferente para la persona que está escuchando. Podrías pronunciar mal una palabra y que fuera «ilegible para la traducción».

Cuando la otra persona escucha tu mensaje, puede que lo traduzca de forma diferente a lo que tú has dicho. Lo que la otra persona dice en respuesta a tus palabras puede significar algo diferente de lo que tú escuchas. Puede que haya ruido o distracciones en la sala, alguien entrando o saliendo, o un coche pasando, todo lo cual puede romper el flujo de comunicación y distraer al que habla o al que escucha.

La preocupación distorsiona la comunicación

Se puede provocar un fallo de comunicación por un pensamiento del individuo acerca de una pelea que tuvo con su mujer esa mañana, una multa por exceso de velocidad que recibió de camino al trabajo, algo que su jefe dijo hace pocos minutos y una reunión inmediata para la cual no se ha preparado. Todas estas formas de «ruido» pueden llevar a malinterpretaciones.

Si la primera consigna en la comunicación es *claridad*, la segunda debe ser *paciencia*. Tómate tu tiempo para comunicarte despacio y después haz una doble comprobación para asegurarte de que lo que tú has dicho es lo que la otra persona ha escuchado, y también que lo que la otra persona ha dicho es lo que tú has escuchado y entendido.

Tres herramientas de comunicación

Los gerentes tienen tres herramientas de comunicación: la palabra escrita, la comunicación cara a cara y la presentación delante de varias personas.

Debes convertirte en alguien excelente en cada una de estas áreas de comunicación.

Primero aprende a escribir bien. Hay muchos cursos excelentes sobre escritura para negocios que pueden convertir a cualquier persona inteligente en un excelente escritor en solo un taller de uno o dos días. La comunicación escrita requiere claridad, brevedad, simplicidad y exactitud. Tus habilidades para escribir se pueden mejorar por medio del aprendizaje y la práctica. Tu capacidad para escribir una carta o una propuesta excelentes puede acelerar tu carrera e incrementar tu influencia incalculablemente.

Segundo, aprende a comunicarte cara a cara. Al igual que en la negociación, la preparación es la clave del éxito en la comunicación individual. Prepara tu mensaje concienzudamente por adelantado, pensando siempre en la respuesta a la pregunta: «¿Qué le puede interesar de todo esto a la otra persona?».

La gente hace las cosas por sus razones, no las tuyas. Si quieres influir en otras personas y persuadirlas hacia tu modo de pensar, tienes que ofrecer algo que ellos quieran, necesiten y por lo que estén dispuestos a sacrificarse.

Todos los grandes gerentes son buenos vendiendo ideas. Presenta siempre tus ideas en términos de beneficios, es decir, en términos de mejorar la vida y el trabajo de la otra persona y de conseguir mejores resultados con más rapidez y facilidad.

Aprende a hablar en pie

Tercero, aprende cómo pararte frente a una audiencia y ofrecer una presentación eficaz. La capacidad para «hablar en pie» es una de las herramientas más importantes que desarrollarás como ejecutivo, aunque comiences absolutamente aterrorizado de hablar en público.

Puedes unirte a Toastmasters International y asistir a sus reuniones semanales. Puede tomar un curso de Dale Carnegie donde, en unas catorce semanas, aprenderás a ser competente y seguro frente a una audiencia. Puedes tomar un curso o un seminario de oratoria profesional.

Cuando aprendas cómo hablar bien y hacer una buena presentación en las reuniones, tanto dentro como fuera de la compañía, te sorprenderá lo mucho que este talento te ayudará en tu carrera.

Presenta las nuevas ideas despacio

Siempre que presentes una nueva idea a los demás deberías esperar resistencia. En vez de demandar e insistir en que la gente inmediatamente haga algo diferente, serás más persuasivo si vas despacio.

Presenta tu nueva idea diciendo algo como: «He estado pensando en que hay un modo en que podemos mejorar la manera en que hacemos las cosas. Voy a proponer algunas maneras de ahorrar dinero y recortar costos. ¿Qué piensan de esta idea?».

Siempre que presentes una idea de forma dubitativa —como si se te acabara de ocurrir y, por lo tanto, estuvieras interesado en las opiniones e ideas de los demás—, te darás cuenta de que caerá la resistencia de la gente y aumentará su apertura para ser influidos por ti.

La regla de las setenta y dos horas

Hace muchos años leí un libro llamado *Time Out for Mental Digestion* [Aparta tiempo para hacer la digestión mental]. Este libro explicaba que a las persona les lleva unas setenta y dos horas hacerse con una nueva idea. Si presentas una nueva idea y después pides una respuesta inmediata, casi siempre la gente se resistirá o dirá que no. Pero si presentas una idea y le das a la gente tres días o más para pensárselo, normalmente regresarán a ti con más ideas incluso de cómo hacer exitosa tu idea inicial.

La clave para una comunicación efectiva es que tomes la decisión de hacer entender tu mensaje de manera absolutamente excelente en los tres modos que hemos hablado: por medio de la comunicación escrita, la comunicación individual (cara a cara) y las presentaciones frente a una audiencia. Todas las habilidades de comunicación se pueden aprender. No importa dónde empieces, puedes convertirte en un excelente comunicador y ejercer influencia sobre los demás para que cooperen contigo.

VEINTIUNO

Consigue la excelencia personal

PROBABLEMENTE nada afectará más a tu carrera para el resto de tu vida que tomar el compromiso de convertirte en alguien personalmente excelente en las cosas más importantes que haces.

En toda organización hay dos rutas hacia la cima. Una ruta es por medio del rendimiento. La otra ruta es por medio de la política. Los estudios realizados sobre Maquiavelo y la gerencia muestran que si intentas llegar a la cima a través de la política es casi seguro que te descarrilarás en algún momento de tu carrera.

Dan Kennedy dice: «Ten cuidado con quiénes pisas cuando subes en la escalera del éxito porque te estarán esperando con las dagas en la mano cuando bajes».

Céntrate en el rendimiento

Cuando decides llegar a lo alto basándote en un rendimiento excelente, casi todos los de la organización te ayudarán, incluyendo a la gente por encima de ti —tus superiores—, la gente de tu nivel y tus subordinados. Comprométete hoy a convertirte en el mejor gerente que puedas ser.

Resulta que todo lo que no sea un compromiso con la excelencia se convierte en una aceptación inconsciente de la mediocridad. Como dijo Pat Riley, el entrenador de baloncesto: «Si no estás mejorando, estás empeorando».

El rendimiento medio es «el paquete básico» para casi todo el mundo. Para superar esa programación automática debes aceptar el compromiso de convertirte en la mejor persona en lo que haces. Además, debes establecer estándares de excelencia para todo el que trabaje contigo. Alienta, recompensa y felicita el trabajo de calidad. Siempre se te juzgará en base a la calidad del trabajo de la gente que ha sido confiada a tu supervisión.

Celebra el éxito

Para alentar una calidad aún mayor, celebra el éxito y los logros. Da recompensas y premios. Sorprende a la gente haciendo algo correcto. Alaba a la gente siempre que hagan algo que se salga de lo común. Como dice la canción: «Las pequeñas cosas significan mucho».

Y lo más importante, lidera con el ejemplo. Considérate a ti mismo como el que porta los estándares de tu departamento, unidad o compañía. Cuando te veas como el modelo a seguir, un ejemplo para los demás, te colocarás en el camino hacia el liderazgo en tu organización y en tu vida.

Dedícate al PCI: progreso continuo e incesante. Lee y aprende sobre tu campo cada día. Asiste a cursos y seminarios adicionales. Escucha programas en tu coche o en tu *smartphone*. No pares nunca de aprender y de crecer hasta que te conviertas en el mejor gerente de tu negocio.

CONCLUSIÓN

LOS GERENTES CON ÉXITO se hacen, no nacen. Se hacen a sí mismos por medio de un trabajo continuo e incesante. Todo el mundo comienza desde abajo y después se labra su camino hacia lo alto por medio del trabajo duro sostenido en un largo periodo de tiempo.

Tú puedes convertirte en un gerente excelente cuando aprendas y practiques estas conductas, métodos y técnicas de otros gerentes de éxito. Si haces lo que otra gente exitosa hace, pronto obtendrás sus mismos resultados.

Las ideas y estrategias contenidas en este libro están basadas en más de treinta años de investigación y experiencia con grandes y pequeñas compañías. Si reconoces que tienes espacio para mejorar en cualquiera de estas veintiuna áreas, decide ahora mismo —hoy— hacer algo al respecto. Lee un libro, asiste a un seminario, escucha un programa de audio o pide consejo a gente que respetes y admires. Dedícate a mejorar continuamente como si tu futuro entero dependiera de ello. Porque así es.

ÍNDICE

ACERCA DEL AUTOR

BRIAN TRACY es orador, preparador, líder de seminario, consultor y presidente de Brian Tracy International, una compañía de formación y consultoría situada en Solana Beach, California.

Brian impulsó su camino hacia el éxito. En 1981, en charlas y seminarios por todo Estados Unidos, comenzó a enseñar los principios que había forjado en ventas y negocios. Hoy sus libros y sus programas de video y audio —más de 500— están disponibles en 38 lenguas y son usados en 55 países.

Es el autor superventas de más de cincuenta libros, incluyendo *Full Engagement* y *Reinvention*.